情報を活用して、思考と行動を進化させる

What to Know
for intelligence gethering
and better actions

Cobe Associe 代表
田中志
Nozomi Tanaka

CROSSMEDIA
PUBLISHING

はじめに

本書は、情報収集やリサーチ・調査をテーマとして、どうやったら効率的・効果的な情報の収集と活用ができるのか、ということについてお伝えするものです。

企業の中で新しいプロジェクトや事業創出に取り組む方、転職や就職などで新しい業界・仕事に挑もうとされている方、真面目に学業・研究に取り組もうとする学生の方など、情報の収集と活用を必要とするすべての方のお役に立てればと思っています。

ところでみなさん、情報収集は得意ですか？

現在、私は情報収集のプロとして活動していますが、最初から効率的・効果的にできていたわけではありません。

例えば、次のようなシーンがありました。

シーン①：2時間調べてもわからなかったことが、上司が2分Google検索するとわかる

入社してすぐ、まだコンサルタントとして独り立ちする前にトレーニングとしてアサインされたプロジェクトの中で、上司から「〇〇業界のＸＸが現状どうなっているのか、最新のレポート等をGoogleでわかる範囲で探してみてくれる?」という依頼をもらいました。新卒一年目の私は必死になってGoogle検索をし、１～2時間、いろいろなキーワードで探すわけです。しかし、なかなか求めている資料は見つかりません。そこで同じプロジェクトを担当している先輩に助けを求めることにします。

私「先輩、先程お話を頂いた資料なんですが、なかなか情報が出てこなくて……もしかしたらまだ情報がないのかもしれません」

先輩「え、そんなことないでしょう。このくらいの情報ならGoogleで見つかると思うんだけど」

私「2時間調べてみたんですが、見つかるのは5年前のものまでで。最新のデータはエキスパートに聞いたりしなければわからないのでは、と思います」

先輩「そうか。ちょっと待ってね」

（先輩が手元でGoogle検索を始め、2分ほど経過）

先輩「見つかったよ、ほら」

私「えっ、本当ですか！」

先輩「うん、このＵＲＬ先見てみてよ、欲しかったファクトが出ているでしょ」

私　「そうですね……」

シーン②情報活用の壁：調べた情報同士が矛盾

シーン①と同じプロジェクトにて。上司に報告ができました。それを踏まえて、上司からのコメント。「ありがとう。次は○○業界の市場規模と主要なプレイヤーについて、Googleでわかる範囲で探してみてほしい。明日報告をもらっていい？」シーン①の後に先輩に教えてもらったGoogle検索のコツを実践しつつ、今回は早々に市場規模や主要企業のリストを作ることができました。

私　「先輩！ さっきのミーティングで上司から言われたファクト、揃え終わりました」
先輩「お、早いじゃん。内容はどんな感じ？」
私　「A社が出しているレポートによると、○○市場の規模は2020年で2500億円、2025年には3200億円になるとされています。業界の主要なプレイヤーはB社、C社、D社の3社で、この企業群で市場シェアの80%を占めているとのことです」
先輩「あれ？ 私がさっき見ていたレポートだと、この市場の規模は2020年ベースで3400億円になっていたよ。ほら、ここ。あとさ、とある業界の人に聞いたところ、この市場ではE社というプレイヤーがここ数年成長していて、2020年時点でだいたい市場の25%シェアを持っているはずなんだけど、それに関する記載ってなかった？」

私「え、市場規模全然違いますね。あと、E社のことはレポートの中で記載がありません」

先輩「そうか……これからどうしたら良いと思う？」

私「……それぞれの情報がありました、と伝えるのはどうでしょう」

先輩「『どれが正確なファクトか掴むのが君の役目だよ』と（冷たい目で）言われて終わりだと思うよ。自分の頭で考えなきゃ」

私「ですよね……」

いかがでしょうか。以上はGoogle検索に限ったほんの一例ですが、みなさんも情報収集や活用において、思い当たる節があるかもしれません。

本書では、情報収集・情報活用全般について、私が経験したようなみじめな思いをみなさんがしないように、具体的な方法とコツを精一杯お伝えします。

"巨人"を味方につける

私がやったことの大半は他人の模倣である。

サム・ウォルトン（世界最大の小売チェーン・ウォルマートの創業者）

さて、情報収集とは、つまるところ「他人の知識や知見、感覚に頼ること」だと私は考えています。人間一人でゼロから行うと、とてつもない量の時間や労力が必要になる時に、先人たちが蓄積してきた知識・知見やその分野のプロフェッショナルが持っている情報に頼り、それを集めることで、より短い時間で精度の高い意思決定ができたり、適切な行動が取れるようになる、それが情報収集の意義です。情報収集は、人間の知の蓄積や体系を活用することで車輪の再発明[※1]を防ぎ、私たちが「巨人の肩に乗る[※2]」ことを助けてくれる、そんな行いだと思います。

情報と付き合って生きるには、現代はとても悩ましい時代です。200年前であれば情報の記録装置は紙か人の頭にしかなく、情報を引き出すためには、紙を読み込むために保管場所に赴くか、情報を持つ人を探し対面で会いに行くしかなかったでしょう。しかし今では、デジタルツールの拡大により、保存される情報量も圧倒的に増加、私たちのような一市民が情報を探したり実際に触れてみるのも簡単になりました。「情報洪水」「情報過多」等の言葉に代表されるように、たくさんある情報の中からどのように必要なものを見つけ出すか、そこに至るか、という部分で工夫が必要になってきています。

肩に乗るべき巨人をどう見つけ、いかにそこに上り、そこから見える景色をどう意思決定や行動に活かすのか。この問いとみなさんが向き合うお手伝いができればと思います。

私は、これまでのキャリアでずっと「どうやって価値ある情報・ファクトを掴むのか」「得られた情報をどのように活用するのか」というテーマに向き合って（苦しんで）きました。大学院修士課程修了後に入社したボストン・コンサルティング・グループでは、「様々な情報源から得られたファクトをいかに統合し価値ある行動示唆を生み出すか」という問いに、その後移った博報堂グループのスタートアップスタジオ・quantumでは「アイデア発想を促す情報とはどのようなものか」「そのような情報をどう集めるか」という課題に、デジタルヘルススタートアップのエンブレース社では「限られた予算・時間・人員の中でどうやって情報収集を進めるか」「限られた情報の中でどう意思決定・行動に繋げるのか」ということに頭を悩ませ続けました。

このような悩みは、企業組織や個人としての意思決定と向き合うみなさんの中でも、広く起こっているのではないでしょうか。私自身、２０１８年に独立・起業して以来、プロジェクトをご一

著者がこれまで向き合ってきた情報収集・活用

外資コンサル時代	◎様々な情報源から得られたファクトをいかに統合し価値ある行動示唆を生み出すか ◎有用なファクトにどう効率的にアプローチするのか
広告会社傘下チーム時代	◎アイディア発想を促す情報とはどのようなものか ◎上記のような情報をどのようにして集めるのか ◎情報の量や質を動かさずに、どれだけ豊かな解釈を生み出すか
スタートアップ時代	◎限られた予算・時間・人員の中でどうやって情報収集を進めるか ◎限られた情報の中でどう意思決定・行動に繋げるのか ◎人にうまく情報収集を行ってもらうためにどう依頼するか

著者作成

緒している大企業やスタートアップ、NGO、行政などの方々から情報収集や調査に関するお悩みや課題感を共有いただく機会が多くなりました。そんな中で2020年夏に開催した情報収集・リサーチに関するオンラインセミナーは想定の3倍、1千名以上の方に申し込みをいただき、改めて情報収集やリサーチに関する企業人の方々の悩みの深さ、広さを痛感した次第です。

この本では、外資コンサル、クリエイティブ企業、スタートアップの中で私が身をもって培った情報収集、リサーチの知見・ノウハウを余すところなくお届けしたいと考えています。前提となるフレームワークや課題設定の方法から、今日から使えるハウツー知識まで、実際のケーススタディなども含めつつ、活きた知識をお届けします。

「知っている」を超えて「できる」へ

最初にお伝えしておきたいのですが、情報収集においては、すべてを解決してくれる銀の弾丸的な手法やツールはありません。既に誰かがまとめて世に出してくれたメディア情報やレポートは、みなさんの問題意識に応えるために書かれたものではないし、調査会社にアンケート調査やインタビュー調査を依頼して個別対応してもらったとしても、そのレポートに知りたかったことがすべて載っているわけではありません。

情報収集のツールや手法を考える上で重要なのは、その「深さ」と「組み合わせ」です。

例えば、同じGoogle検索という手法でも、それを行う人によって、そこで得られる情報の幅や深さには大きな差があります。先ほど書いた通り、私がまだ新卒一年目で情報収集のイロハもわからなかったとき、何時間もGoogle検索をして見つけられなかった情報を、先輩コンサルタントはわずか数分で見つける、ということが何度もありました。また、コンサルティングファームでは、とある流路から得られた情報を他の方法で検証する、他から得られた情報と足し合わせることでより深い示唆へと繋げるといった行動が日常的に取られています。どんなツールややり方、情報源で

情報源やツールを「使いこなせるか」が重要

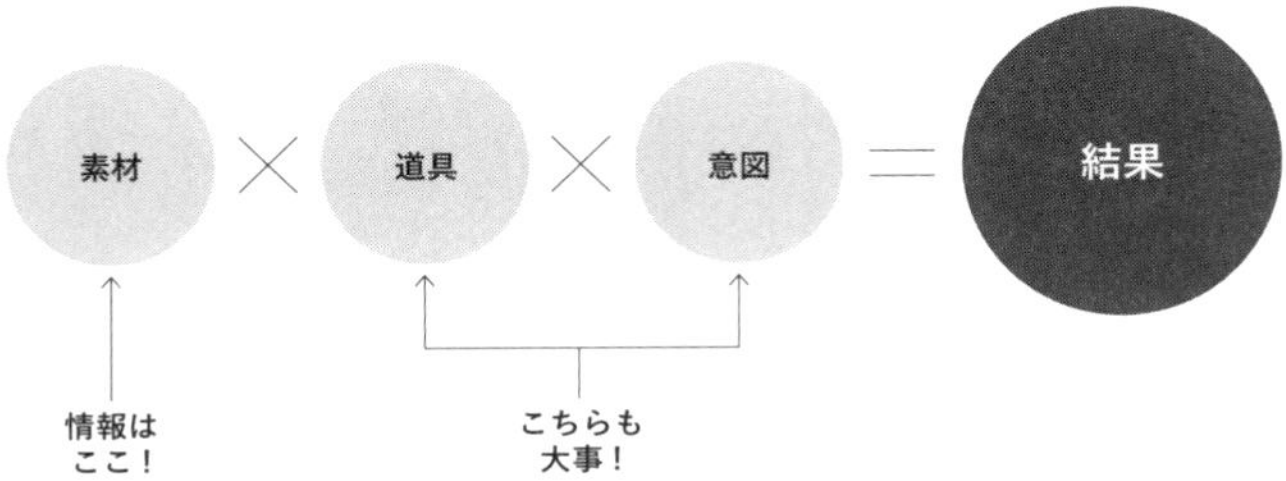

著者作成

も、それをどの程度使いこなせるか、他のどんなものと組み合わせるかで、結果として生み出される価値は大きく変わります。

本書の中で取りあげる個別のアイデアには、さほど目新しいものではないものも含まれています。「そのやり方やサービスはもう知っているよ、使っているよ」という方がいらっしゃれば、「それをどんな風に使い込んでいるのか、どんなものと組み合わせて使っているのか」そんな視点で読んでいただくとためになるかもしれません。そのツールの深さや他のものとの組み合わせは、文字通り無限にありますから。

前提：情報そのものが価値を持つことはない

本論に入る前に前置きが長くなってしまい恐縮なのですが、情報との向き合い方のお話も少しだけさせてください。そんなことはいいから早く情報収集・活用の話を、という方は、ここを読み飛ばしていただいて、第1章以降に移っていただいても大丈夫です。

市場調査やリサーチを主業のひとつとしている私ですが、クライアントの中には、「他社がまだ知らない情報を取りたい」とおっしゃる方がたまにいます。そう口にしないまでも、「他者・他社に先んじて情報を得る、より豊かな情報を持つことこそが現代において競争を勝ち抜く重要な要素だ」こう思っていらっしゃる方は多いと感じます。

私は、情報そのものに価値はない、少なくとも情報自体の価値は下がり続けてきたし、今後も下がり続けていくと考えています。それは、インターネット社会の拡大等により、多くの人がこれまでアクセスが難しかった情報でも安価かつスピーディに得ることができるようになっているためです。おそらく15世紀の大航海時代のような状況であれば、自分が知っていて相手が知らない情報を元に商売をすることで大きな利益を生むことができたでしょう。しかし現代において、自分・自社しか知らない情報は限られており、それを他者・他社が得る手段も多く準備されている状況です。

問い：それでもなぜ情報収集は大切か

さて、情報の価値が下がるのであれば、情報収集の価値も同様に下がるのか。

私は、そうではないと思います。**これからの情報収集の価値の源泉は、収集した情報そのものではなく、情報収集をすることの向こう側「情報を活用して思考と行動を進化させる」ことにあるはずです。**

- 昔：情報を「自分だけが知っている」ことを前提に、その情報の非対称性を活かした行動をとる
- 今、これから：情報を「自分だけが知っているわけではない」ことを前提に、その情報について、意味や物語のレベルまで自分なりの解釈を行い、行動に反映する

『統計学が最強の学問である』（ダイヤモンド社）などの著作でも知られる研究者・事業家の西内啓さんは、物事を考える、ということについてTwitterでこんなことをおっしゃっています［※3］。

個人的に「自分の頭で考えましょう」というよくある言説は限界があって、やはり「自分の頭で調べて試して考えよう」までがセットであるべきだと思う。批判的思考含め調べられること、調べた結果の不十分なところを実際に試せることを抜きにして「考える」だけでは大した判断はできない。

この本を手に取って下さったみなさんは、必ずしも経験が豊かで、事実認知も十分にあり、深く構造的に考える訓練を存分に受けてきた方ばかりではないと思います（だからこそ、このような本を手にとっていただいているはずです）。自分の中に経験や貯め込んだ情報がないのであれば、ただ考えるだけではなく、まずは調べることがしっかりと考えることの前提になります。それなしに、価値あるインサイトを生むことはほぼ不可能です。

考えること、考え抜くことは、ビジネスパーソンとして価値ある活動を行うために必須です。しかし実際に「自分の頭で考えろ！」「ちょっと○○について考えてみてよ」と言われたときに、腕組みをして歩きながら考えを進展させ、依頼者を満足させる考えを生み出せる人は稀でしょう。多くの人には、情報収集が必要なはずです。そんな思考のための情報収集が、この本における主題です。

現代の問題：情報収集と活用のアンバランス

情報収集に関するセミナーや講演会に呼ばれることがあります。その中でいただくお困りごとは大きく2つの方向性があります。

●情報をどう集めたら良いかがわからない

・そもそも情報収集についてどこから手をつけていいかがわからない
・欲しい情報のイメージは明確だがどうすれば情報が取れるのかがわからない
・Google検索やインタビュー調査等を行うものの欲しい情報を得ることが難しい　等

●集めた情報をうまく活用できていない

・情報はたくさん手元にあるものの、資料や製品への反映方法やまとめ方がよくわからない
・情報をまとめて上司や同僚に提示するものの、内容がうまく伝わらない
・考えていたアイデアや事業内容に似たものを情報収集の中で見つけると、そこで諦めてしまい、自らの思考の進化のために情報を使えない　等

先述の通り、情報単体が価値を持つ時代は終わりを迎えようとしています。（あるいは、もう終わっているのかもしれません）そのため、漫然と情報を収集するだけでは、その行為自体は無駄になってしまうでしょう。

私は、そんな無駄が嫌いです。不完全な情報収集で適当な意思決定をすることも、だらだらと情報収集を続けて意思決定しない状態も、せっかくお金と時間をかけて集めた情報を活用力不足で見捨ててしまうことも嫌いです。情報は、無駄なく効率的に集め、目的と意図を持って前進するために活用してこそ意味を持つのです。

みなさん個人や所属している組織がより効率的・効果的な情報収集・活用を行い、関わる人がハッピーになるような意思決定、行動へと一歩を踏み出していくことを願っています。本書がその一助となるのであれば、こんなにうれしいことはありません。

［読者特典］

Googleをフル活用するために

Google検索での情報収集における具体的なコツは、読者特典としてダウンロードいただけるようにしました（2万字超えの大作になっています）。ぜひご活用ください。

https://cm-group.jp/LP/40541/

情報を活用して、思考と行動を進化させる　目次

はじめに ……… 003
〝巨人〟を味方につける ……… 007
「知っている」を超えて「できる」へ ……… 010
前提：情報そのものが価値を持つことはない ……… 012
問い：それでもなぜ情報収集は大切か ……… 013
現代の問題：情報収集と活用のアンバランス ……… 015

第1章
全ては価値ある思考を生むために
情報の3側面　データ／インフォメーション／インテリジェンス ……… 030
提言：インテリジェンス創出のための情報収集を ……… 035

確かに目的や課題設定は情報収集を効率的にする……039
思考の前提・土台をつくるための調査もある……040
本章のおわりに：良い行動のための良い思考、良い思考のための良い情報……043

第2章 情報収集のための基本フレームワーク

再確認：多様な意味を持つ「情報収集」という言葉……046
「情報収集のコツ」にまつわる混乱……051
前提：検証的情報収集のフレームワーク　インテリジェンスサイクル……053
Step 1　タスキング（Tasking）……055
Step 2　収集（Collection）……057
Step 3　処理（Processing）……057
Step 4　分析・予測（Exploitation）……058
Step 5　配布（Dissemination）……060

発展版フレームワーク
「基盤をつくる・インテリジェンスを生み出す・型化する」の3要素……064
［第1要素］基盤をつくる……065
［第2要素］インテリジェンスを生み出す……069
［第3要素］型化する……070
本章のおわりに：情報収集サイクルを回す……075

第3章 基盤をつくる：知識の網を持つ

業界素人の若手コンサルが
プロジェクト参画前に（必死に）行う基礎づくり……078
基盤をつくるための効率的な学習方法3つ……082
❶賢い人のノートを借りる　巨人の肩に乗って原理・原則を知る……085

専門書籍を〝気軽に〟かつ〝一気に〟まとめ読みする 085
専門メディア記事を1年分的読みする 089
海外メディアの1ヶ月分の記事を全て読む 092
関連する研究・論文をまとめて読んでみる 093
Youtubeなどの動画共有サイトを探検する 097
行政やシンクタンク、研究所などの報告書・レポートで探検する 100
特定事業や市場に関する特化型の報告書・レポートをフォローする 104
❷関心のある新鮮な情報から触れる
世の中のエッジ・新しい取り組みにアンテナを立てる 107
プレス・ニュース、リリース配信サイトを覗く 107
リリース配信サイト内で検索をかける 111
スタートアップやテック企業の新サービスまとめ紹介サイトでサーフィンする 112
海外スタートアップ50社を通し見する 113
クラウドファンディングサイトの上位製品を全て見る 120
専門展示会やカンファレンス関連情報を探る（できれば直接行く） 121
❸仕組み化して心理的な壁を下げる　情報を自動・半自動で仕入れる 125

アンテナが高いエキスパートのニュースレターに登録する……127
自分の興味ベクトルに近い人が配信するPodcastを購読する……129
SNSの分野別フォローリストをつくる……131
関心が似通っている人のグループチャットやコミュニティに参加する……133
番外編：〝自由調査時間〟として自分のカレンダー・予定をおさえておく……135
本章のおわりに：たくさん書き、読み、聴き、語ろう。……137

第4章 インテリジェンス創出前半：目的に沿ったデータを集める

外資コンサルのインテリジェンス創出術……140
世界を〝複写〟してデータとして保存する……144
事例観察　特徴ある事例に目を向け、深堀り続ける……148
手軽にできて深く潜れるデスクトップ調査……148

SNSの中から情報を〝狩る〟ソーシャルハンティング調査……151
専門家に深く問うエキスパートインタビュー……156
五感を駆使して事例を感じるフィールド調査……162
事例を見るときに大切にすること……165
参考：事例観察がうまくなるためのおすすめ書籍……167
集団観察　「原理・原則」と「外れ値」を見つける……168
集めた個別事例を統合・分析する……168
数字にして測定できるようにする……175
本章のおわりに：信念を持って情報と向き合う……190

第5章

インテリジェンス創出後半：データから思考を生み出す

「いろいろ調べたがわからない」という状態を脱する……196

編集思考　観察する視点を動かす …… 199
編集、とは何をすることなのか …… 199
編集力を高める道具類 …… 202
SF思考　What if「もし～だったら」を置いてみる …… 209
「SF的にものを見る」とはどういうことか …… 209
SF思考の実践者たち …… 212
SF的なものの見方を鍛えるために できること …… 218
本章のおわりに：根底にはいつも愛と想像力を …… 232

第6章
リサーチケーススタディ

道具の使い方をイメージしていただくための3事例 …… 238
ケース①　依頼を受けて明確な目的の下で海外環境を調べる …… 240
基盤づくり：思考するための土台をつくる …… 241

調査の中で出てきた言葉の定義は丁寧に……244
規制や制度を調べるときには網羅性を意識する……245
レポート・報告書を通じ「他の人の肩に乗る」……247
基本を押さえ、〝本番〟の英語検索に臨む……248
「英語検索時のダブルクォーテーション」等の小技を駆使する……249
英語検索でも「巨人の肩に乗り」レポートを探す……252
翻訳技術を最大限活用して英語への苦手意識を軽減する……254
個別企業のミクロ情報もフォローアップする……255
本ケースワークのまとめ……256
ケース②　「〜について気になっている」ふんわり目的感で情報を集める……259
何はなくともまずは調査レポートから……260
図表を通じて概要・キーポイントを掴む……264
テキストではなくイメージや図表を探す……265
深掘りの前に〝幅〟を出す……267
レポート特化の検索へ……269
個別の企業事例を探るいくつかの方法……270

本ケースワークのまとめ……279
ケース③　市場調査プロジェクト：国内タクシー市場を調べる……281
紙とペンで、調査論点を考える（すぐPCを触らない）……283
事前知識を高めるための初期調査、及び情報収集自動化設定を行う……285
論点と事前知識を掛け合わせ、成果物のイメージを〝先〟に考える……295
上司・チームと調査のポイントをすり合わせ今後の調査設計をする……298
追加のデスクトップ調査で個別要素を探す……300
フィールド調査として現地に赴く、
難しくてもSNS・ソーシャルハンティングを……301
エキスパートインタビュー調査で踏み込んだ情報をとりに行く……303
想像力を駆使して、成果物をつくる……309

第7章
情報をもとに想像し、思い切って捨てる

人間に与えられた想像力という力……314
「同じ」と「違う」を見つける人に……317
創造力よりも想像力を……317
想像力をひもとき、アノマリー思考へ……322
想像力を高めるための口癖・言葉のすすめ……324
考え抜き、自ら決断する覚悟を持つ……328
おわりに……332

文中にあるURLや注釈は下記のページに
まとめているのでご参照ください。

https://cm-group.jp/LP/40541/

第 1 章

全ては価値ある思考を生むために

Chapter 1

Value-oriented intelligence gathering

情報の３側面
データ／インフォメーション／インテリジェンス

まず、情報とは何か、ということを簡単に整理しておきましょう。

日本における工業規格を定めるＪＩＳでは、情報は「事実、事象、事物、過程、着想等の対象物に関して知り得たことであって、概念を含み、一定の文脈中で特定の意味を持つ物」と定義され、対応する英単語としてはInformationが当てられています。さらに、一般的な文脈における情報という言葉の使われ方を見ると、次の２つの意味合いも持ちうるように見えます。

●データ（Data）としての情報：事象や概念などの現象や性質を（未整理のまま）、文字や数値といった形式で表現したもの

●インテリジェンス（Inteligence）としての情報：概念や手法等のように特定の用途に役立つよう体系的に組み立てられた情報の集合体、あるいは知識を実践で昇華させた仮説

情報には3つの側面がある

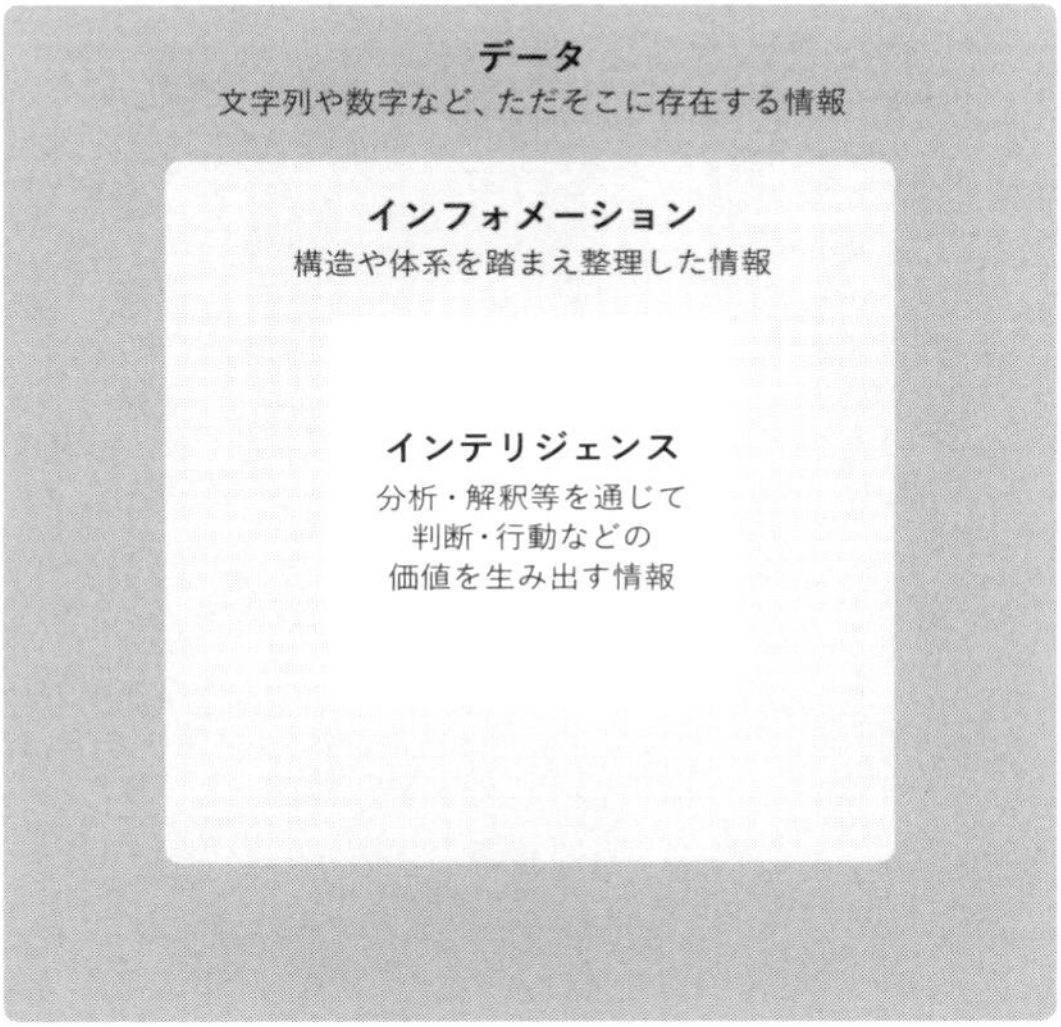

著者作成

つまり、情報には次の3つの側面があることになります。

- ●データ：単なる文字や数字の羅列
- ●インフォメーション：整理されたデータ
- ●インテリジェンス：文脈を踏まえて意味や価値が付与された情報

まずデータとインフォメーションには、どんな違いがあるのか。プロジェクト・マネジメント領域でご活躍されている佐藤知一さんのブログ『タイム・コンサルタントの日誌から』の「データと情報はこう違う」(https://brevis.exblog.jp/18445831/) の中に、こんな記述があります[※1]。

データというのは、定型化された数字や文字の並びで、それ自体は無味乾燥なものだ。統計書だとか、時刻表だとか、新聞の株式欄だとか、図書館の目録などが典型的なデータである。むろん、時刻表で旅行を夢見るロマンティックな人もいるだろうし、株式欄で一攫千金の夢を破られたプラグマティックな人もいるだろう。しかし、**そうした感情、あるいはその人にとっての『意味』は、読み手が自ら心の働きの中で生み出したものだ。データ自体は中立で、とくに意味を持たない。**

他方、情報とは不定形であって、大事なことはその形式ではなく、持つ意味内容そのものである。どこの市ではどの書記が権力を持っている、あるいはどこの会社ではどの資材部長が発注権限を持っている、といった情報は、それを知らずにいる者とは、明らかなパワーの差を生みだす。そうした観点からいえば、**情報はデータよりも上位にあり、より高い価値をもたらすと言っていい。**

(中略)

営業系の人たちは、えてして『情報の森』の中に居ながら、『データを読み取る』習慣が薄いように感じる。これは、理系文系という資質の差よりも、営業という仕事自体が、人と人のつながりの情報に大きく依存しているためであろう（製造系の人間は、数量だとか統計的品質だとかに慣れているので、データにもう少し敏感になる）。
それでもたとえば、毎日の名刺交換の結果、次第に手元にたまってくる名刺情報を、ちょっと表に入力してデータ化してみるだけでも、ずいぶんと気がつくことが増えてくるはずだ。あるいは、毎月の商談の進み具合や勝率について、数字でとらえてみれば、いろいろ面白いことが分かるはずなのである。販売管理システムの入力データだって、単に受注伝票や売掛金計上に処理して終わり、とせずに、「宝の山」と考えて分析しようとするセンスが必要なのだ。

（太字は著者による）

中立的なデータに対して、感情や意味につながるインフォメーション。価値につながるのはインフォメーションですが、その素材としてデータは大きな価値を持ちます。その人の背景や属性により、データとインフォメーションのどちらを捉えるのが得意か、どちらを見逃しがちか、という傾向がある、ということもおもしろいですね。これはぜひ、心にとどめておきましょう。
さてインフォメーションとインテリジェンスの差異は何でしょう。インテリジェンスは「判断を下したり行動を起こしたりするために必要な知識」とも定義され、意思決定者を意識しながら、その人・チームが求める判断や行動の軸でインフォメーションを整理、統合することでインテリジェンスが生み出されます。これについては、後に「インテリジェンスサイクル」をご紹介しながら深掘りしていきましょう。

もしあなたが上司や同僚から「〇〇に関する情報を調べて準備しておいて」と言われたとしたら、求められているのがデータなのか、インフォメーションなのか、インテリジェンスなのかは峻別しておく必要があります。データをインフォメーションに、さらにインフォメーションをインテリジェンスに加工することを「分析」といいますが、求められる情報の定義により、分析をどの程度行わなければいけないかが大きく変わります。相手がすぐに行動に移せるための情報（インテリジェンス）を求めているのに、提示するものがデータにとどまっていては（企業の中でよく見られる情報やり取りのミスマッチです）、相手を満足させることはできません。逆に上司は基礎的なデータを求めているのに、インフォメーション化・インテリジェンス化まで行ってから共有したとすると、「何でこんなに時間がかかるんだ！」と言われることでしょう。

情報という多義的な一語をもって、それが何を意味しているのか、を正確に汲み取るのは困難です。それを正確に理解してから情報収集に取りかかることをおすすめします。

提言：インテリジェンス創出のための情報収集を

情報収集やリサーチという言葉は、企業現場をはじめとして、当たり前に使われる言葉になりつつあります。一方で、その意味するところは情報という言葉同様に人によって様々で、「どうやったらうまく情報収集ができますか？」という質問をしたとしても、それを聞いている本人と聞いた相手にとっての定義・意味合いがずれていると、お互いにモヤモヤしたものが残ることになります。

情報収集・リサーチについて、世間一般でどんな定義がなされているかをみてみましょう。

●必要な情報を収集すること［※2］
●資料として利用できる情報を探し集めること［※3］
●判断を下したり行動を起こすために必要な知識を、様々な媒体から集めること［※4］
●問いに答えるために、情報を集め・処理すること［※5］

先のような内容を見ると、情報収集・リサーチを考える上で、次の2つの切り口で、定義に幅がありそうです。

- 目的の具体度：集めること自体が目的 ↓ ～について知りたい ↓ ●●という問いに答えを出したい
- 情報そのものの取り扱い：収集 ↓ 整理 ↓ 加工・処理 ↓ 分析・示唆抽出

様々な情報を組み合わせて、クライアントの行動に対する示唆を生むことを目的とするコンサルティングファームにおける情報収集・リサーチは、すなわち分析や示唆抽出（問いに答えること）を目的にしています。そこでは「問いのないところにリサーチはない」ということを口酸っぱく説かれます。ＢＣＧの大先輩である株式会社ロジカディア代表の荘加大祐さんは、リサーチに関する記事で以下のように書かれています[※6]。

> リサーチの定義に関して、大事なポイントが1つあります。**リサーチは問いに答えるための行為である**、ということです。
>
> 言い換えると、**問いが無い状態で情報を集めることは「リサーチ」とは呼びません。**

たとえば、「書籍を読む」という行為はリサーチの一種ですが、これを「リサーチ」と呼んでいいのはあなたの中に「答えを出したい問い」がある場合に限ります。楽しむために小説や漫画を読むことはリサーチではありません。

こんなことは当たり前だと思うかもしれませんが、私の経験上、**リサーチが失敗する最大の原因は、問いが無いままリサーチ（っぽいこと）を始めることです。**

これは「釣り針が付いていない竿を海に放る」ことに似ています。当然、引っかかるものがないので、魚は釣れませんよね。同じように、問いというフックがないと、情報の海に飛び込んでも、必要な情報が引っかからないのです。

（中略）

問いを立てずにリサーチを始めると、いつの間にか「情報を集めること」自体が目的化して、延々とリサーチを続けるハメになります。当然、アウトプットも出ません。リサーチをする前に、必ず問いを立ててください。

（太字は著者による）

コンサルティングファームが行う情報収集・リサーチにおいて最終的に求められるものはインテリジェンスです。それがなぜかというと、繰り返しになりますが、コンサルティングファームは顧客の行動変容・行動改革を目的としており、インテリジェンスを生み出すことが価値、データやインフォメーションはそこに至る材料でしかないからです。ただのデータやインフォメーションをコンサルティングファームの社内会議で出すと、「……で?」という言葉とともに、上司や同僚から冷たい視線を浴びることになります。

業務における情報収集を考える時にも、最終的に求められるのはこのインテリジェンスとなるでしょう。もちろん自社製品が生み出すデータの蓄積や、市場情報の定点観測は不可欠です。しかし、企業活動は意思決定と行動で規定されます。データやインフォメーションは最終的にはインテリジェンスとして活用されることを目的として収集されていると考えるのが自然です。

この3つの関係性、そしてインテリジェンスを生み出す方法論・フレームワークについては、第2章でお話ししていこうと思います。すぐに確認したい方は、第2章の「インテリジェンスサイクル」という部分をご確認ください。

また、先述の「問い」というものについてより理解を深めたい、という方は、宮野公樹 著『問いの立て方』(筑摩書房)を読まれることをおすすめします。「問いって何やねん」「調べる前に問いなんて持てないよ」という方には、問いというものの根元を見つめながら読みやすく仕上がっている本書はおすすめです。

目的や課題設定は情報収集を効率的にする

「情報収集　コツ」等で検索してみると、情報収集の目的を明確にすること、答えを出そうとする問いを明確にすることの重要性を語る記事が多く見つかります。これは、インテリジェンスを生み出すためには意思決定者（本人でも、他者でも）の存在とその人にとっての価値とは何かの定義、さらにはその価値向上のために不足している要素への理解が必要で、それがないことには情報はデータ・インフォメーションのレベルにとどまってしまう、つまり価値を生まない、ということに起因します。

確かに、目的を明確にした方が、様々集めた情報から必要なものを抽出するのが簡単になります。しかし私は、思考という観点から情報収集というものを考えたときに、必ずしも明確な目的を持った情報収集のみがより良い思考につながるとは言えないのでは、と考えています。

それは、そもそもの目的や問いを生むためにも一定の量・質の情報、知識基盤が必要で、そのためにある種の無目的な探索的情報収集も必要になるためです。

思考の前提・土台をつくるための調査もある

マッキンゼー出身の波頭亮さんの名著『思考・論理・分析』（産能大出版部）の中で、思考は「思考対象に関して何らかの意味合いを得るために、頭の中で情報と知識を加工すること」と定義されています[※7]。この定義を通じて思考というものの特徴を見てみると、

- 思考対象に対して意味合いを得る、という目的を設定していること
- （外部からもたらされる）情報と（既に頭の中にある）知識の両方が必要なこと
- 情報と知識の「加工」＝思考とされていること

という3つの要素があることになります。

さてここで、思考を行うために収集すべき情報とは何かと考えてみると、次の3つのいずれかに分類されることになります。

❶自身の知識と掛け合わせれば即座に思考や意思決定、行動につながる情報（インテリジェンス）

❷将来得るだろう情報と掛け合わせる材料、知識として蓄積することで、将来のより良い思考につながる可能性のある情報（インフォメーション／データ）

❸思考対象の発見の仕方や加工方法を広げるための情報（メタデータ）

❶～❸のどのタイプの情報収集について話をしているかで、目的の重要度は変わります（そしてこのどのタイプの情報収集のお話をしているかの認識のすれ違いが、情報収集のコツを聞いたり答えたりする際のお互いの違和感につながります）。

❶を集めることを考えると、確かに目的を明確にすることが重要でしょう。自分が何について思考したいのか、あるいはどんな知識を持っているのかを前提条件として問いを立て、目的化し、それに対して最短距離で情報を集め、取捨選択を行っていく。

一方で❷と❸については、「学び」や「気づき」というふんわりした目的で実施しても良いのではと思います。特に❸については、どんな発見や気づきがあるのか事前に言語化がしづらく、目的やテーマを明確にしすぎることで、情報からの気づきが浅くなってしまうのではないか、という懸念があります。

また、良い思考を生む上で長期的により効果を発揮する順番に並べかえると、❸→❷→❶の順番になります。よりメタなレベルで情報収集ができるようになると、今取り組んでいるのとは全

情報はよりよい意思決定と行動を生む

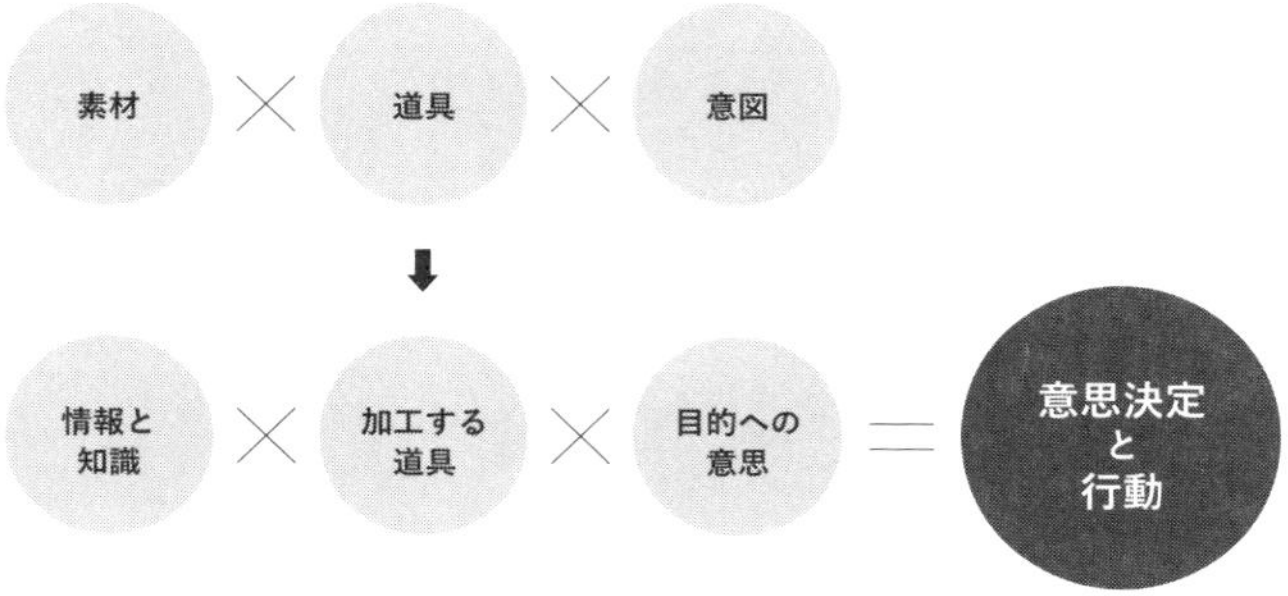

著者作成

く別の分野・テーマに取り組むことになったとしても、その分野で良い思考・アウトプットを出すまでに必要な時間が大幅に短縮されるはずです[※8]。目的はなくとも地道に❷や❸の情報を集めることの重要性もまた大きいと、私は考えています。

本書では、情報収集を「より良い行動と思考を追求するために情報を集め、それらを活用すること」とし、問いを立てるためだったりアイデアを生むための情報収集・リサーチも内容に盛り込んでいきます。そのため、目的が明確に見えている状態での情報収集・リサーチのみならず、目的も問いも見えない初期の状態等に行う情報収集についてもフォーカスを当てて、そのコツをご紹介していこうと思います。

本章のおわりに：
良い行動のための良い思考、良い思考のための良い情報

本書では、情報や情報収集というものの意味や意義について考えてきました。具体的な方法論を知りたい、という方をお待たせしてしまい申し訳ありません。しかし、正しく情報と向き合うためには必要な内容だと信じています。

野球の名選手、松井秀喜選手が愛した言葉の一つに、〝心が変われば行動が変わり、行動が変われば習慣が変わる〟があります[※9]。考えや理念など心のあり方の変化はそれそのものでも価値があるものかもしれませんが、それがその人の行動や習慣まで変えるとしたら、それは素晴らしいことだと思います。

先述の内容と一部重複しますが、私は、情報収集とは、良い思考や良い行動を生み出すことに繋がってこそ本人・あるいは組織にとっての価値を生むと考えています。ただ情報を得ることからで

はなく、「意味や物語のレベルまで自分なりの解釈を行い、行動に反映する」ところまで行ってこそ、です。

先の言葉の対象は人格や人生など、個人に焦点を当てたものですが、企業や組織といった集団でも同じことが言えるでしょう。企業のあり方や運命を変えるには組織文化や活動習慣を変える必要があり、その前提には企業としての思考（心）や行動を変革していく必要があります。

まずは「良い情報を正しく活用する」ことにチーム、組織としてコミットすること。そこから良い思考や文化を生み、正しい行動へとつなげてくこと、そんな変革につながる行動のひとつが、情報との向き合い方の変化なのです。

次の章では情報収集を捉えるフレームワークを、その次の章からは具体的方法論をお伝えしていきます。ぜひそれぞれの向こう側にみなさんがこれから変革していくチームや組織、あるいは自身のキャリアや生活を想像し、実践をイメージしながらページを操っていただけますと幸いです。

第 2 章

情報収集のための基本フレームワーク

Chapter 2

A framework for better intelligence gathering

再確認：多様な意味を持つ「情報収集」という言葉

前の章で、この本では情報収集を「より良い行動と思考を追求するために情報を集め、それらを活用すること」と（広く）定義するとお伝えしました。その上でこの章では、情報そのもの・情報収集とは何か、情報と行動がどんな関係にあるのかを改めて明らかにしつつ、各ステップで求められる情報収集のための基本フレームワークをご紹介していきます。

（そんな堅苦しいことはいい、とにかく今すぐ使える情報収集のコツを、Howを知りたいんだ、という方はこの章を飛ばして次の章から読んでいただくのが良いと思います。）

前提として、この本を通じて私は、情報収集という言葉を相当に広い意味で用いています。考えることそのものも、情報収集という行動に内包されるものとイメージして用いています。これは、情報収集をするのはまさに考えるためであり、自身が情報に触れた際に収集しているのは、その文字・数字情報だけではなく、その情報に触れた瞬間の自分の思考や感情、感覚も含むためです。なので、「え、それって情報収集なの？」という内容が（特に本章では）多く見受けられるかもしれません。そんなときは、「情報収集を進める中でそんな活動もするんだなぁ」くらいの理解で読み進めていただけると大変ありがたいです。

私は普段仕事で市場調査や企業調査を扱っており、企業の方々から情報収集やリサーチについて相談を受けることが多くあります。そのときに往々にしてあるのが、「行おうとしている行動・思考・意思決定と、収集している情報のミスマッチ」です。これはどんなことかというと、

●まだ思考や行動内容が深まっていない段階で、実行可否を判断するために用いるような情報を取りに行こうとしている（例：「医療系画像を検索したり投稿したりするSNS[※1]」を思いつき、その受容性を図るために数千名規模のＷｅｂアンケートを実施しようとする）

●いよいよ大きな意思決定に踏み出そうというときに、浅い・公知の情報収集でとどめ、踏み込んだ情報収集やリサーチを行わない（例：テレビの情報番組で取り上げられていたテーマに魅力を感じ、新規事業として進出を決める）

このように、本来は浅く・広く情報を取るべきシーンでお金と時間をかけて深い情報を求めに行ったり、逆に重大な意思決定に関わる情報をあっさり・ふんわりした公開情報で決めてしまった

りします。しかし情報を活用しようとしている意図があるのはまだましで、高いお金をかけて調査会社・コンサルティング会社に情報収集を依頼したにもかかわらず、そこで得られた情報をうまく活用できないまま棚の奥に（あるいはＰＣ・サーバーのフォルダの奥底に）しまったまま放置してしまっている、というシーンもしばしば目にします。

なぜ、こんなことが起きているのでしょうか。

私はその一つの理由として、様々なタイプの情報との関わり方がすべて「情報収集」「リサーチ」という一つの言葉に集約されてしまっていることがあると考えています。目的と手法のミスマッチです。

例として、次の3つの情報収集のシーンを考えてみましょう。

❶「クライアントが□□業界に進出すべきかどうか、情報を集めて初期仮説をつくろう」
❷「明日の訪問で利用する営業資料を作成するために、社内の関連情報を収集しておこう」
❸「新規事業として□□業界に進出すると決まった。いろいろ情報収集していこう」

似たような表現を含みますが、それぞれのシーンにおいて情報収集が意味するところは少しずつ異なります。

❶のケースは、「目的」のみが定義され、どんな対象について情報を調べるのかは決まっていない（自ら決めなくてはいけない）ケースです。目的を踏まえた上で対象をどうするのか、手法をどうするのかなどについて思考を必要とする側面が強く、コンサルティング会社出身者が書いているような情報収集指南本は、このようなタイプの情報収集を対象にしたものが多いです。

❷のケースは、情報収集が「目的」と「対象」それぞれの観点から定義され、何をすべきかが明確になっているシーン。このタイプの情報収集にはいろんなものがあります。このような情報収集では、フォーマット化やマニュアル化、手順書の作成も容易です。

❸は、「目的」も「対象」もふわっとしており、明確になっているとはいえないようなシーン。ここでいう情報収集は、整理や検証などよりは個人あるいは組織としての〝学習〟の意味合いが強く、集めることそのものが目的化している、といえます。

あえて言うなら、右のそれぞれの情報収集にはこんな名前がつきそうです。

❶検証的情報収集：目的を踏まえて対象や手法を個別に検討した上で、思考仮説を検証するために行われる情報の収集・整理活動

❷整理的情報収集：情報収集の目的や対象、手法等が明確になった上で要求される情報の収集・

❸学習的情報収集：短期的には目的を持たず、従って対象や手法も制約を受けないまま実施される、将来の思考材料である情報の収集・整理活動

「情報収集のコツ」にまつわる混乱

最近、できるビジネスパーソン風の男性が情報収集のコツについて話しているシーンに遭遇しました。

「毎朝の日課として日経新聞とヤフーニュースで記事を一通りチェック。最近ではＳＮＳも駆使して、Google検索では見つからないようなおもしろい情報を得ています。」

このような情報収集のコツは、日々の学習的情報収集には役立つでしょう。一方で、新聞や経済誌のオンラインサイトを見ているだけで、営業先の情報が集まっていったり、目的が明確な検証的情報収集が効率的に進むわけではありません。

先の❶～❸の全てが「情報収集」という一つの言葉に集約され、混ざり合って利用されているのが現状です。それぞれの情報収集が求めるゴールが異なる以上、どれをやっているのかがわからないまま「情報収集をうまくやるにはどうすれば良いか？」という問いに答えるのは至難の業です。

❶の検証的情報収集は、前章でいうところの「インテリジェンス」を集めていくための活動とい

えます。これについては政策決定等の文脈で研究がされている分野でもあり、そこで生み出されたフレームワークがあります。情報収集はどんな風に進めていけば良いのかを考えるために、まずはそこから見ていきましょう。

前提：検証的情報収集のフレームワーク

インテリジェンスサイクル

最初に、インテリジェンスという意味での情報とは何か、簡単に振り返りましょう。インテリジェンスとは「判断を下したり行動を起こしたりするために必要な知識」であり、意思決定者を意識しながら、その人・チームが求める判断や行動の軸でデータやインフォメーションを整理・統合することで生み出されます。

このインテリジェンス情報の活用は企業に限らず、個人レベルから政府・国家レベルまで多様です。そしてこのインテリジェンスを生み出すための流れは一定の研究と仕組み化がなされています。その仕組みを「インテリジェンスサイクル」と言います。

データやインフォメーションをインテリジェンスへと進化させるためにまず必要なのは、次ページの図でいうところのカスタマー、意思決定者です。意思決定がないところにインテリジェンスはありません。ただ頭の中に入れておけばいい、知っていればいい、という情報であれば、それはど

インテリジェンスサイクルイメージ図

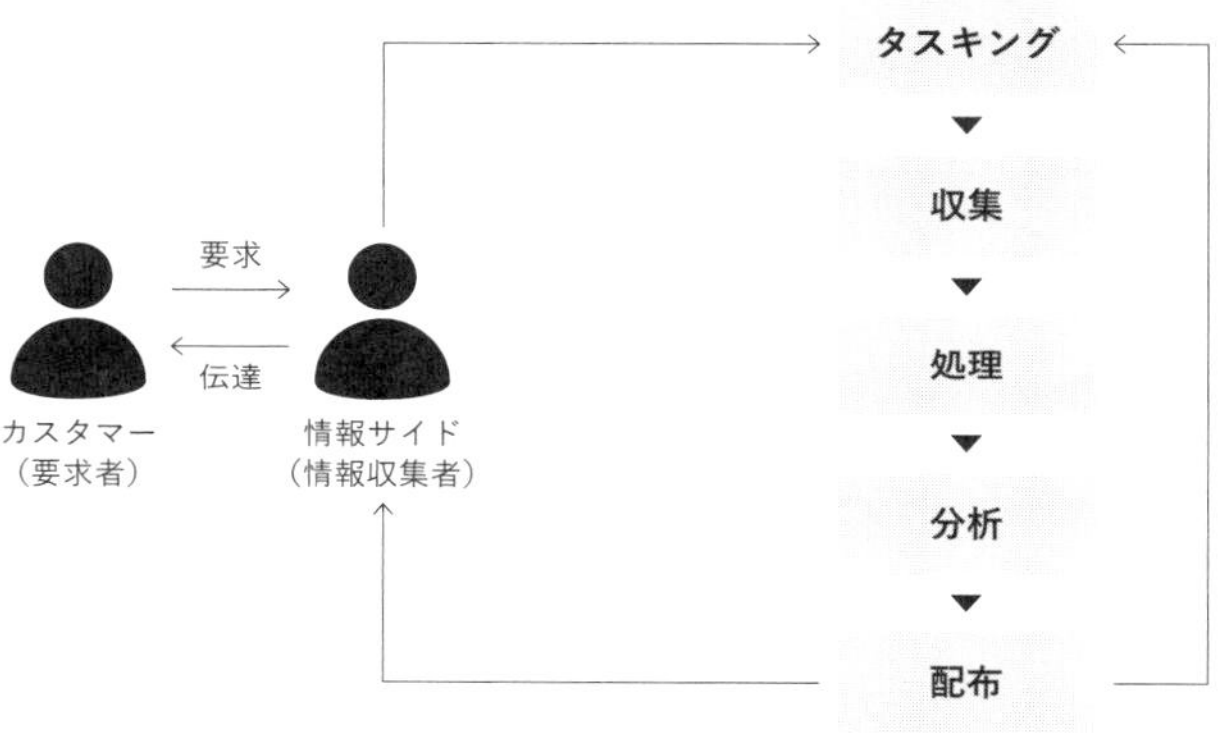

著者作成

こまでいってもデータ、インフォメーションです。

インテリジェンス化のためのサイクルは、まずこのカスタマーによる情報要求／リクワイアメントから始まります。噛み砕くと、「意思決定をする人（上司や顧客）から、〇〇という意思決定をするために必要な情報を提供して欲しい、という依頼が来る」と読み替えてください。情報収集をするあなたは、この要求・依頼を受ける人で、上の図でいうところの情報収集者となります。

要求・依頼を受けたあなたは、以下のステップで情報収集を進めていくことになります。サイクルという名前の通り、1から始めて5まで到達すると、再度1に戻ってサイクルを進めていくことになります。

Step 1　タスキング（Tasking）
Step 2　収集（Collection）
Step 3　処理（Processing）
Step 4　解析／判読／分析／予測（Exploitation）（必要に応じて、1に戻る）
Step 5　配布（Dissemination）

各ステップでどのようなアクションをするのか、一つひとつ見ていきましょう。

Step 1　タスキング（Tasking）

まずカスタマー／依頼者からの要求を理解し、求める情報の全体像（ＥＥＩ：Essential Elements of Informationといいます）を定義することから始めます。「〜市場に自社が進出すべきかどうかを判断する情報が欲しい」という要求が依頼者からあったとすると、市場規模や既存プレイヤーなどの構成要素を挙げるのはもちろん、その本人の知識レベルや意思決定の癖、自社の状況などを踏まえて、必要とされる情報のリストを定義していくことになります。

リストが定義できたら、次はそれを進めていくための作業設計に移ります。必要とする情報を、誰が、いつまでに、どんな方法で獲得していくか、を考えていきましょう。例えば市場規模のデータが欲しいのであれば、いくつかのデータの取り方があります。既に参入している企業のＩＲ情報や行政が開示しているレポートを探し参照する、市場調査を専門にしているリサーチ会社（矢野経済研究所や富士経済グループなど）のレポートを購入する、その市場の専門家・エキスパートにインタビューをして情報をとる、など、複数の方法が考えられます。担当者の力量や時間軸、求められる正確性も踏まえた上で、タスクとして落とし込みます。

必要なタスクを洗い出し、作業を終わらせる期限を決め、複数の情報収集者が関わっているのであれば個々の作業に担当者を割り振って、このタスキングというアクションは終わりです。コンサルティングファームではこのタスキングを「ワークプラン」とも呼んでおり、このワークプランづくりのコツは本書の範囲からは外れますが、Ｗｅｂ検索をすると良い指南記事が出てきます。情報探索の訓練だと思って、ぜひ検索して見つけ、参照してみてください［※2］。

Step 2　収集（Collection）

名前の通りこのステップでは、Step1で作成したＥＥＩ（集めるべき情報の具体像）に従って、情報収集を進めていくことになります。具体的にどんな風に情報を収集していくのか、この詳細は第3章以降で具体でお伝えしていきます。ここではまず、収集が2番目にくる、というイメージだけ持っておいてください。

Step 3　処理（Processing）

収集した情報は形式や質がバラつくのが普通で、必ずしもそのまますぐに分析に使えるものばかりではありません。実際の情報から意味や価値を生み出していく上で、一定の処理が必要です。イメージしやすいものでいうと、様々なデータソースから集めてきた情報を同じExcelやスプレッドシートのファイルにまとめる、集めてきた情報について地域や年度等の比較したい軸をそろえていく、等の作業があります。

例えば、とある市場について、日米の市場規模の推移を比較したいとします。日本の市場規模は円表記、米国市場は米ドル表記になっているとすると、それらを比較する上でどのようなデータの処理が必要でしょうか。単純に市場の成長率を見たいのであれば、Excelにそれぞれのデータを打ち込んで、関数や数式を打ち込んでいく、という処理が必要になります。更に絶対値としての規模を比較したいのであれば、日本円と米ドルの間の為替レートを各年で調査・設定し、単位変換をするという処理が必要になります。

情報の処理、というと定量データに対してのみ行われる印象がありますが、文章などの定性状態についても、処理をすることで分析が容易かつ正確になります。SWOTや3C等のフレームワークやワークショップで用いられるKJ法等は定性情報の処理として行われていると考えるのが自然です。地味なアクションではありますが、良いインテリジェンスを生むためには必須の活動です。

Step 4　分析・予測（Exploitation）

さて、ここからがインテリジェンスを生み出すための本工程です。収集し、処理をしたインフォメーションを素材に、依頼者の要求に応えるように加工していく段階です。

前章で思考の定義を考えるために引用した波頭亮さんの『思考・論理・分析』では、分析を、**「要素に分けて、突き合わせて比べ、同じと違うの判断を行う」行為の実践的な概念である、**と定義した上で、より具体的に、「収集した情報を要素に分けて整理し、分析目的に合致した意味合いを得ること」としています。

分析においてまず必要となるのはその言葉の通り「分ける」こと、要素への分解です。この要素への分解をうまく行うためのコツが、構造化です。ただばらばらと要素に分解していくだけではなく、要素の間の関係性を明らかにした上で個々の要素へと分解し、意味合いの抽出に活かしていくこと。この構造化をきれいに行うには相応の訓練が必要です。本書の範囲を超えますが、ぜひ構造化について〝情報収集〟をした上で、トレーニングすることをおすすめします。

なお、インテリジェンスの創出に慣れていないチームや個人だと、「分析するにはまだ情報が足りない」「もっと情報を集めないと」と、Step1～3の活動を相当程度積み重ねないと分析に踏み出さない、踏み出せない、という事象が観察されます。また、一部のコンサルティングファームやシンクタンク、調査会社などのアウトプットを見て、「報告書が分厚い割には示唆が薄いな。スライドはほとんどWeb検索のスクリーンショットか過去プロジェクト資料の流用で、構造化もされていないな」と感じることがあります。これは情報収集に時間や人員を割きすぎて、肝心の思考・分析に取り組めなかった結果なのでしょう。情報の収集と処理ばかりに注力して、特にその情報がなくても語れる一般論を示唆として提示している人を見ると残念な気持ちになります。

分析には、情報を収集するのにかけたのと少なくとも同程度の時間をかけるべきでしょう。それほど、情報を要素化・構造化した上で分析する、思考するという行動がインテリジェンスを生み出す上では必要なのです。インフォメーションを出せば依頼者は勝手に考えてくれるだろう、というのは、情報収集を担う人間としてあまりに無責任です。また、もし個人的要請に従って情報収集をしているのだとしても、分析に時間をかけなければ、誰も代わりにインテリジェンスを生み出してはくれないのです。あなたが、あなたこそが思考し、分析をするべきなのです。

分析の結果、集めた情報の間に矛盾やズレが観察されることがあります。それらの背景をひもとき、解決し、どのようにして最後の段階に進んでいくのか、そのためには追加の調査が必要です。さらに、調査を深めていく中で、依頼者の問いに答えるためには追加の情報が必要であることが明らかになることもあります。そんなときには、再度Step1のタスキングに戻り、ＥＥＩに新たな情報項目を追加した上でタスクを振り分ける行動が必要になります。

Step 5　配布（Dissemination）

頭を絞って分析してきた結果を、いよいよ依頼者に向けて戻すときが来ました。分析結果を、依頼者に向けて提示するのです。この段階に来ると、多くの人はHow? に視点が移ります。配付資料は何でつくるべき？ パワーポイント？ エクセル？ グラフ？ 表？ のような形で。

正直、このようなHowは多くの場合重要ではありません。立ち戻るべきは、カスタマーによる要求に立ち返り、分析の背後にある問い（Why?）と分析の活用方法（So What?）です。本当にこの分析結果で依頼者の要求に応えられるのか、この分析結果で依頼者の意思決定や行動を促すことができるのか、それを冷静に振り返る必要があります。配布するときの形式は、それらの答えを最も効果的に表現する方法を選択すれば良い。逆に言えば、方法としての差異がないならばどんな方法でも良いはずです。

一つ気をつけることがあるとすれば、その分析結果の二次利用です。例えば、自分自身が将来的に再活用する可能性がある場合で、そのときに使いやすくなるような形式で作成しておくのが良いでしょう。依頼者に向けて数字をホワイトボードに書いてプレゼンテーションをするより、数字やデータの出所を記載したExcelで情報をまとめておいた方が、あとあと活用することのハードルは下がるでしょう。さらに、他者が引用する、再利用するようなものである場合、他者がどんな形式で配布を求めているのか、それも考慮して資料を作成することになるでしょう。相手のフォーマットを事前に受領しておく、他者が読みやすいように説明文章を増やしておく、そんな気遣いができる人はあらゆる場で重宝されます。

ここまで情報活用フレームワークの一つ、インテリジェンスサイクルをご紹介してきました。こ

より上位のサイクルを回すためのサイクルも

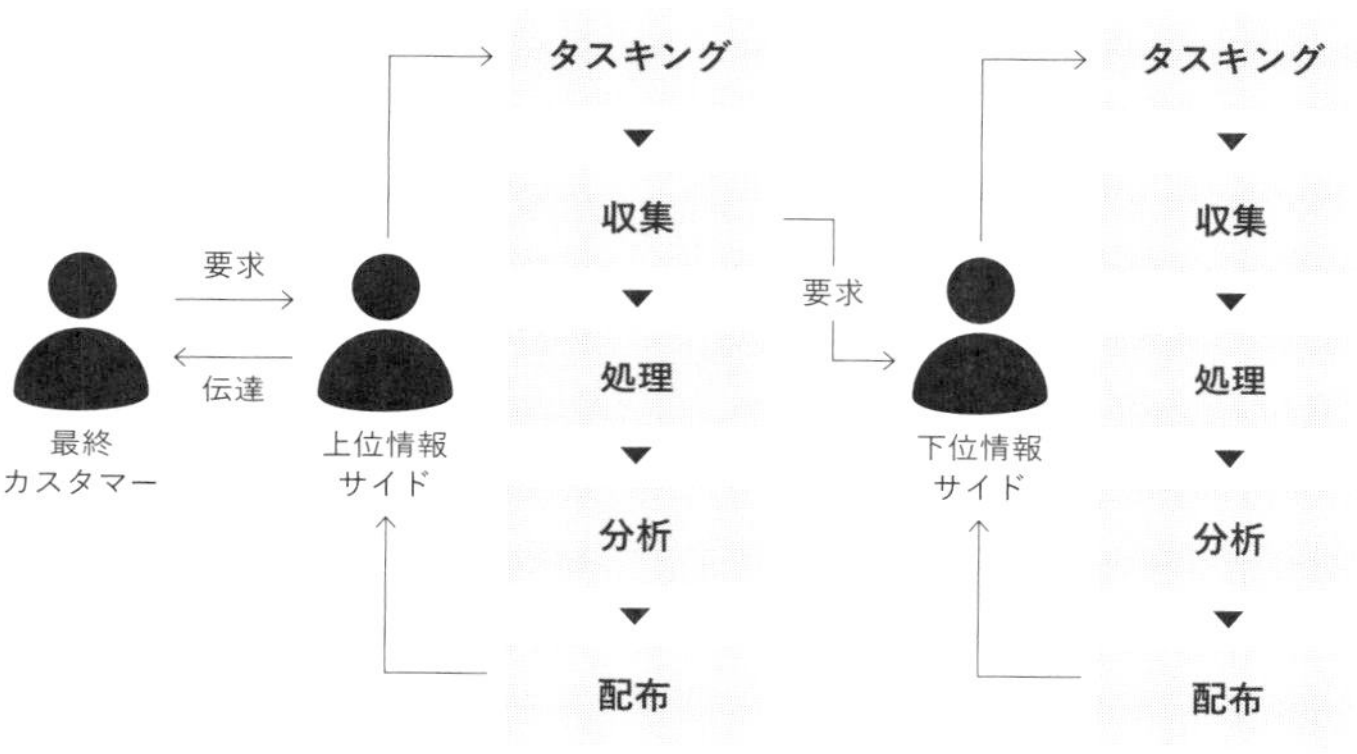

著者作成

れは、チームとして情報収集に当たる、かつチームとして目指す方向性や答えたい問いが明確であるような場合には、強い力を発揮するフレームワークだと考えます。

インテリジェンスサイクルは一度回すだけではなく、依頼者の行動や関心に合わせて、繰り返し実施することが一般的です。また、より上位のサイクルを回すための収集活動の一環として、情報サイドのあるメンバーが要求者として別のインテリジェンスサイクルに関わっていくようなパターンもあります。いずれにしても、依頼者はこれらのインテリジェンスを獲得することで思考を進化させ、意思決定をし、行動に移していくことになります。行動こそが価値で、情報はそれをサポートするものです。

さて、一方で、情報収集は、ここまで挙げてきたような明確な目的と要求者がともなう情報収集だけではないはずです。日々新聞を読む、ニュースに触れる、というような、より基礎的な意味での情報収集も、より良い意思決定のためには必要です。先に取り上げた記事の中にあるような、ＲＳＳリーダーやGoogleアラートなどの目的を限定しない情報収集は、インテリジェンスサイクルの中に組み込むのは難しいでしょう。

次項では、こういった情報収集の多様性を踏まえて、インテリジェンスサイクルを発展させた情報収集フレームワークを提示したいと思います。

発展版フレームワーク

「基盤をつくる・インテリジェンスを生み出す・型化する」の3要素

前項でご紹介したインテリジェンスサイクルは、検証的情報収集を進める上での具体的なステップを提示しながらも、利用できるシーンに一定の限定があると考えています。具体的には、

- 依頼者に明確な意図や行動への意思がある
- 依頼者から情報収集者への要求が明確であり、求める情報の全体像（ＥＥＩ）が定義可能である
- インテリジェンスを生み出した後に行動を起こすのは情報収集を行った主体ではなく、他者である

などの前提・制約を付している点です。Ｐ49～50で挙げた３つの情報収集の型でいうと、❶検証的情報収集において有効なフレームワークといえるでしょう。

本書では、残りの二つの情報収集の型も統合し、「基盤をつくる・インテリジェンスを生み出す・型化する」の３要素での情報収集フレームワークを基本のフレームワークとして提示したいと思います。

［第１要素］基盤をつくる

インテリジェンスサイクルを回していく上で難しさがあるのは、

- 依頼者が、自身がどんなインテリジェンスを生み出したいかを考えること
- 依頼者が、自身が求めるインテリジェンスの形を情報収集者に対して正確に伝えられるよう言語表現をすること
- 情報収集者が、依頼者の意図と要求を正確にくみ取ること
- 情報収集者が、理解した依頼者の意図と要求に従って、求められるインテリジェンスを生み出すための情報及び分析をタスクに落とすこと

他人の意図をくみ取り実現するのは難しい

出所：https://www.bowdoin.edu/~disrael/what-the-customer-really-needed/

など、サイクルを回すための最上流の部分です。

よくサービス開発や受託事業を行っている方々の間で話題に上がる、いかに人の意図を正確にくみ取りそれを実現することが難しいのかを表現する秀逸なイラストがあります。それが上図です。これはとある顧客（クライアント）企業が外部のシステム開発会社と進めていくプロジェクトの進行とそれぞれのシーンで起きていることを、コマ送りで表現しています。

一番左上がこのプロジェクトの出発点、「顧客企業が説明したもの」です。木の枝から2本のひもが伸び、そこに等間隔で3枚の板が渡されていますね。

この絵をそのまま実現できれば良いのかも

しれませんが、残念ながらその説明を聞いたプロジェクトリーダーが理解したのは別の形だったようで、それが2番。別の枝からそれぞれ1本ずつひもが伸びていて、ついている板は1枚、それも木の幹と干渉してしまっています。そこから迷走が始まり、チームの下っ端であるアナリストやプロダクトに関わるプログラマーは全く違う方向に進み始めます（3／4）。初期ユーザーはできた製品を全く評価しない（5）一方で、外部から入っているコンサルタントは全く違う形で表現し経営陣に報告（6）、こうなった経緯は記録されず（7）、しかしクライアントに対する請求は十分になされます（9）。いよいよプロダクトはできあがったのですが（11）、本当に顧客が求めていたのは実はタイヤが枝からぶら下がっているもので（12）、全然違うものができあがってしまいました、というのがこの話のオチです。

このイラスト自体はジョークで、実際にこのような要求を顧客企業がすることも、システム開発会社内でこんなに理解がぶれることもないかもしれませんが、このイラストが多くの方に閲覧され、バイラルに広がっているのは、このイラストで描かれる内容に一抹の真実が含まれるからでしょう。

まず、顧客が真に欲しがっているもの（12）と、顧客が要求しているもの（1）は大きく異なります。さらに、顧客が説明したものを外部企業のリーダーも正確に理解できておらず（2）、その企業内での各関係者が理解したもの、つくり上げたものは顧客が説明したものでも、プロジェクトリーダーが要求したものでも、ましてや顧客が真に欲しがっているものでもありません。

このように、人が自身の理解や要求を正確に表現することは難しく、さらに人と人の間には理解のずれはどうしても生まれます。このような問題に、情報収集という観点からアプローチできることはないのでしょうか。私は、情報収集を通じた個人・チームの基盤づくりを通じて、以上のような問題にアプローチできると考えています。

例えば、前のイラストでいうと、顧客企業の業態や現状を正確に理解できていれば、顧客が真に求めているものに一歩近づけていたかもしれません。顧客企業が野球チームを抱えており、そのチームの打撃力に課題があることがわかっていれば、「なるほど、口で説明していることは木の板が連なったブランコ状のものだが、真に欲しいのはバットで叩くためのタイヤかもしれない」と気づけるかもしれません。

また、木の板を枝からつるすことが実装上困難であるという技術視点での情報理解があれば、そのタイミングで顧客に要求を実現することが難しいことを伝え、4のような悲しい成果物をつくらなくて済むばかりか、顧客が真に欲しているものに木の板はいらないのかもしれない、という気づきを得る場をつくり出すことができたかもしれないのです。

以上のような基礎情報を集めるのは、目的が定義され、プロジェクトが走り出した後では遅すぎます。そのときはみな顧客の要望をなんとか実現しようと、具体的な情報収集に走り出してしまっています。基盤となる情報は、日常から収集しておく必要があるのです。

本書では、いかにこの基盤づくりを手軽かつ正確に行うか、についてまず取り扱っていきます。基盤づくりについては、ビジネスマンや社会人であればある程度共通化できる部分もあれば、業種・業態や専門性によって個別化される部分もあります。本書に記載の情報を参考にしつつ、お近くにいる「この人は他の人と違う情報を仕入れている」「この人の話はいつも新鮮で面白い」という方に、情報収集のコツを聞いてみるのも良いでしょう。周りの詳しい人に聞く、これも素晴らしい情報収集の方法です。

[第2要素] インテリジェンスを生み出す

この部分の内容は、前項で述べたインテリジェンスサイクルとほぼ同一です。目的を定義した上で、その目的を達成するための必要情報を洗い出し、処理を施した上で分析し、配布できる形式に加工すること、これについては共通部分です。一つ違う部分があるとすると、目的を設定する主体と実際に情報を集める主体が同一の場合も想定している点です。例えば、自分自身で新しい取り組みを始めようとしている(起業、就職・転職、結婚・交際など)とき、意思決定・行動するのも自分、情報を集めて分析するのも自分です。

既に紹介したインテリジェンスサイクルでは、要求を出す依頼者と情報を集め分析する主体は別人格でした。この場合、情報収集者は一定期間、要求を所与のもの、行動の前提として扱うことができます。つまり、情報収集がうまくいかなかったときに、「要求の仕方が悪かったんだ」「本当は価値ある情報なのに、依頼者はわかってくれない」などの言い訳をすることができます。しかし、自分自身が目的をも設定する、動かせる主体だとすると、このような言い訳は通用しません。

多くのケースにおいて、最初に設定した目的に対してインテリジェンスを生産したところで、すべての悩みや課題が解決することは多くありません。世の中に既にある情報には限りがあり、調査等を通じて新たに情報を生み出そうとも、要求の中で満たせる部分・満たせない部分がどうしても出てきます。さらに、得た情報を元に、こんなことも知りたい、こんなことはわかっていない、という新しい要求が生まれてくるものです。それらを踏まえて、第2弾、第3弾のインテリジェンスサイクルが回っていくことになります。

［第3要素］ 型化する

インテリジェンスサイクルを回し続けた後に、もう一つ考えるべきことがあります。それは「この学びを一度で終わらせない」ということ。将来の自分自身や、チームメンバー、クライアントまで、あなたがインテリジェンスサイクルを回したことによって生まれたノウハウや知見を活用する

デービット・コルブの経験学習モデル

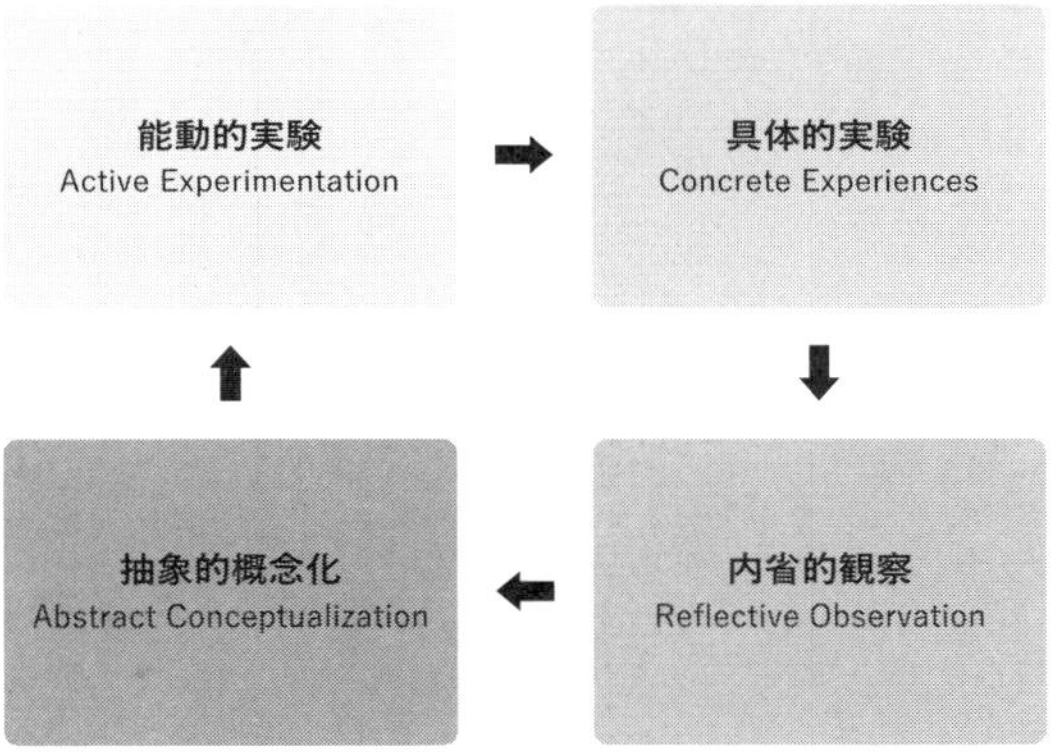

コルブの論文［※2］をもとに著者作成

ことで救える人がいるかもしれません。

これまで収集・分析する形で関わってきた情報に対して、あなたが「情報を生み出すための情報」を生産する側に回るのがこの「型化する」フェーズです。

あなたが初めて情報収集に真剣に取り組む機会を得たとき、どれだけ事前に「情報収集をうまくやるか」について調査し学習したとしても、完璧な成果物を短時間で仕上げることは難しいでしょう。初期は特に、「頭ではわかっているけど具体的にどうしたら良いのかがわからない」という時間があるはずです。

自転車の乗り方や逆上がりと同じように、情報収集をうまくこなすためにも身体知は必要で、その身体知は具体的な経験からしか生まれてきません。逆にいえば、インテリジェンスを生み出す機会・経験をあなたが得たのであれば、それは「どうすれば次回もっとうまくインテリジェンスを生み出すことができるのか」の素材を得た、ということができます。

さて、どのようにして情報収集の経験を将来のための知識や情報に変換していけるのでしょうか。

個人・組織の学習モデルとしてよく知られたものの一つに、米国の教育理論・組織行動学者のデービッド・コルブが提唱した経験学習モデル（Experiential Learning Model：ＥＬＭ）があります。コルブは、20世紀前半に活躍した哲学者、ジョン・デューイの経験と学習に関する理論を「活動と内省」「経験と抽象化」という2つの軸で整理した上で、それらを循環型のモデルとして定義しました。このサイクルは4つの行動で成り立ちます。

- 具体的経験（Concrete Experience）：その人自身の状況下で、具体的な経験をする。
- 内省的観察（Reflective observation）：自分自身の経験を多様な観点から振り返る。
- 抽象的概念化（Abstract Conceptualization）：他の状況でも応用できるよう、一般化、概念化する。
- 能動的実験（Active Experimentation）：新しい状況下で実際に試してみる。

立教大学経営学部の中原淳教授は、この経験学習モデルについて次のような解説を行っています。

（前略）経験学習モデルにおいては「能動的実験・具体的経験」と「内省的観察・抽象的概念化」という二つのモードが循環しながら，知識が創造され，学習が生起すると考えられている（Jarvis 1995）。「能動的実験や具体的経験をともなわない内省的観察・抽象的概念化」は，「抽象的な概念形成」に終わり，実世界において実効をもたない。また「内省的観察・抽象的概念なしの能動的実験や具体的経験」は，這い回る経験主義に堕する傾向がある。「行動や経験を伴った内省」を起こしつつ，「内省を伴った行動」をいかに実践すること，すなわち「行動・経験と内省の弁証法的な関係」をいかに模索するか，が重要だとされている（Hoyrup 2004；Marsick and Watkins 1990）。

中原淳（２０１３）「経験学習の理論的系譜と研究動向」日本労働研究雑誌 ２０１３年10月号(No.６３９)

みなさんの情報収集は、このモデルでいうところの具体的経験（Concrete Experience）に当たります。成功したこと・失敗したこと、思ったより早くできたこと・時間がかかったこと、想像よりも依頼者に喜ばれたこと・あまり響かなかったこと、様々な視点で振り返り、抽象化をした上で次の情報収集サイクルに活かす。その繰り返しが求められているはずです（コンサルタントとは、このサイクルを短期間に繰り返し実行することによる学習が上手い個人、ということがいえるかもしれません）。

本書の中では、この第3要素「型化する」については紙面の都合もあり、詳しく書くことができませんでした。関心がある方は「経験学習」や「学習する組織」などをキーワードに、ぜひリサーチをしてください。

本章のおわりに：

情報収集サイクルを回す

情報収集に「完璧」というものはありません。世の中の情報源はますます多様になり、量も増え続けています。良い情報収集を続けたいのであれば、常に経験から学び、自身を磨き続けていく必要があります。本書でも、いかに情報収集に関する成長サイクルを回していくか、いかに内省や抽象化を行っていくか、私自身の経験も踏まえてお伝えができればと思います。

さて本章では、情報収集という言葉が意味するものの多様性から始まり、意思決定や行動につながる情報収集活動という意味でのインテリジェンスサイクルの紹介から、より多様な情報収集を意識した3要素での基本の情報収集フレームワークのご紹介をしました。次章以降、このフレームワークに則って、それぞれの要素においてどんな情報収集のコツがあるのか、具体的に見ていきます。

章立てとしては「基盤づくり」「インテリジェンス創出」を個別に取り上げ、型化の部分は、それぞれの行動をどう仕組み化するのか、という視点で各章の中にちりばめました。好きな所からつまみ食いしていただければと思います。

第 3 章

基盤をつくる：

知識の網を持つ

Chapter 3

Web of knowledge

業界素人の若手コンサルがプロジェクト参画前に（必死に）行う基礎づくり

第2章では、意思決定や行動のために活かす情報収集の基本のフレームワークとして、次の3つの要素をお伝えしました。

●基盤をつくる：自身の知識を豊かにするための情報を学習を通じて集める
●インテリジェンスを生み出す：知識と組み合わせる情報を能動的に選択し、結果生み出された仮説を検証するための情報を別途収集する
●型化する：自身の経験を観察・内省したうえで概念・情報化し、次回以降あるいは他者のための情報として保存する

本章では、フレームワークの第一要素である「基盤づくり」に注目し、どんなことを行えばよい

のか、お伝えしていこうと思います。

まず最初にイメージを持ってもらうために、私自身のコンサルティングファーム所属時代の基盤づくりの取り組みをご紹介します。若手コンサルタントがプロジェクトに参画するとき、必ずしもその業界やテーマに精通しているわけではありません。しかし、一定の基礎知識がなければ、そのプロジェクトで価値ある分析をしたり示唆を出すことは難しいです。そのために、招集通知が届いてから実際にプロジェクトが始まるまでの数日のうちに（稀に一晩のこともあります）、次のような情報収集を行います。

●大型書店に行って関連書籍10冊一気に購入して一気読み
・就職活動・転職活動のための業界紹介雑誌
・実施テーマ（戦略立案、コストカット、営業改革…等）に関わる最新知見の書籍
・業界内の特定企業の深掘り紹介書籍（国内外）
・対象会社のマネジメントや退職者が記した伝記やノンフィクション
●業界専門誌を1年分遡って購入して流し読み（＋購読登録）
●業界専門メディアの記事タイトル1年分一気読み＋関連テーマ記事印刷・読み込み

●関連する業界レポートを探索して一気読み
・対象会社の分析記事：記事検索横断サイト、アナリストレポート、シェアードリサーチ等
・業界の分析記事：記事検索横断サイト、経済レポート.com、業界団体サイト
●関連する統計・数値情報の探索
・市場・生活者データ：統計情報公開サイト等
・アンケートデータ：調査会社レポート、オンラインアンケート会社レポート等
●SNS検索：Twitter、Quora、Pinterest、Facebookで文字検索をして、関連コミュニティがあれば参加
●Googleアラートで関連キーワードをセットし情報収集自動化
●業界／領域に詳しそうな知人との食事をセッティングをしていろいろヒアリング
●類似のプロジェクトをやった経験のある社内の友人・知人にメール

コンサルタントとしてプロジェクトに参加する際には、クライアントはその業界や業務について既に相応の知識を持っており、コンサル側も当然一定の知識があるだろう、という前提でお話をされます。もしこのようなアクションを持っていなければ、文脈を追ったりそもそも単語を理解することさえ難しいでしょう。

このような基礎情報を得ておくと、プロジェクトの中で得る気付きも多くなります。「業界のスタンダードになりつつあるオペレーションモデルを、なぜこのクライアントは導入していないのか」「クライアントはなぜ業界水準を3倍も上回る利益水準を保てているのか」など、事前情報を十分に蓄積することで新しい問いが生まれ、より深い情報収集につながっていきます。その意味でも、この事前情報収集をぜひ行うようにトレーニングしてくれた当時の上司や先輩は本当にありがたかったと感じます。

ここまで書いてきたコンサルタントがプロジェクト開始前に行っていた情報収集は、フレームワークでいうところの「基盤をつくる」行動そのものだったんだと今思います。本章では、当時行っていた情報収集の仕組みを再度振り返りつつ、新規事業や生活情報など、より広い情報を対象にした基盤づくりに役立つコツをお伝えしていきます。

基盤をつくるための効率的な学習方法3つ

基盤づくりは、ある種の学習・勉強です。勉強をすることが愉しくて愉しくてしょうがない、という方はいいのですが、多くの方はそうではないでしょう。私も学校でする勉強は苦手です。そんな私ですが、学生時代から社会人初期を振り返ると、次の3つのことを上手く行いながら勉強を進めていたな、と思っています。これは、基盤づくりのコツにも活かせるのではないか、と思い、各カテゴリーに従って、情報収集のコツを書いていきたいと思います。

❶賢い人のノートを借りる
❷関心のある新鮮な情報から触れる
❸仕組み化して心理的な壁を下げる

1つ目の「賢い人のノートを借りる」は、王道のテスト前対策ですよね。

この方法は大人になっても有効な学習法です。世の中に出ると、専門家という名の「賢い人」がたくさんいて、その人たちが書籍や記事というかたちでノートをたくさん世に出してくれています。その人たちの知を活かさない手はないはずです。

2つ目の「関心のある新鮮な情報から触れる」です。

教科書をただなぞる歴史の授業には全然興味を持てなかったのに、自分が部活動でやっている競技やテーマに関する歴史ならおもしろいと思える、そんな経験はありませんでしたか。化学式は全く覚えられないけど、「宝石のダイヤモンドと鉛筆の芯はどちらも同じく炭素原子だけでできている」と知ると、少しだけ興味がわいてくる、そんなことはありませんか。学ぶテーマは一緒でもどんな入り口から入るかによって学ぶ意欲は全然異なるわけですが、面白いと感じるための切り口としては「関心とのマッチ度」と「新鮮さ」があると思っています。このあたりのお話を、本章中盤でしていきます。

最後の要素が、「仕組み化して心理的な壁を下げる」です。

私は高校時代、毎日往復2時間ほど電車通学をしていたのですが、その車内では必ず勉強をすることに決めていました(真剣に練習をする硬式野球部に所属していたので、それ以外の時間はほとんど勉強できませんでした)。最初のうちは寝たいな、つらいな、と思っていたのですが、数ヶ月もするとそれが当たり前になり、そのうち電車に乗ると同時に自然に英単語帳を開くようになっていました。人間、「よしやるぞ!」と腰を上げる、その瞬間が一番大変で、簡単にくじけてしまいます。情報収集も一緒で、よしやるぞ! と思っても、他の仕事や趣味の誘惑が襲ってきます。それに負けないように、いかに情報収集、基盤づくりを自動化できるかが重要なのです。本章では最後にそんな仕組み化のコツをお届けしたいと思います。

❶賢い人のノートを借りる
巨人の肩に乗って原理・原則を知る
専門書籍を〝気軽に〟かつ〝一気に〟まとめ読みする

最初からハードルの高い手法に見えますが、効果は絶大なので、ぜひ紹介させてください。（安心してください、これからもっとライトなコツもお届けします。）

２０２１年現在、情報を得るルートは多様化の一途をたどっています。Ｗｅｂ上には個人のブログから事業者のオウンドメディア、各種ＳＮＳを通じて大変な量の情報が蓄積されており、情報爆発、という言葉が当てはまるほど、Ｗｅｂ上での情報は増え続けています。米・市場調査会社、International Data Corporation（ＩＤＣ）が２０２０年５月に行った発表によると、２０２０年に全世界で生成・消費されるデジタルデータの総量はおよそ59ゼタバイト（≒約59兆ギガバイト）です。Ｗｅｂで調べればあらゆることの答えが見つかる、そんな時代なのかもしれません。

私は、こんな時代だからこそ、情報に触れるための基盤づくりとしての読書を、特にエキスパートが書いた専門書の読書をおすすめしたいです。Ｗｅｂ情報は、誰もが発信ができて、あとから編集も可能なため完成品も仕掛品もあり、原則誰もがアクセスできます。一方で書籍は、出版社による著者スクリーニングが一定効いており、一度出したあとの修正困難性から完成度も高く、情報取得にも購入という金銭負担（あるいは図書館での手続きなどの大きめの人的負担）があります。

結果、書籍を通じた情報収集、読書には、わかりやすく、次のようなメリットがあります。

●その道のプロやエキスパートが記載してくれている
●編集者が関わっており読みやすさを一定担保してくれている
●価格が低い水準で安定している（多くの本は７００〜３０００円で買える）

どんなふうにして書籍を選ぶのか、調べる対象に合わせていくつかの方法があります。次の方法は外資系コンサルティングファーム時代に上司や先輩方に教わり、今も同じように実践しています。

●企業について調べる場合：その企業名や代表者の名前でオンライン検索をし、上位から出てきた3〜5冊をそのまま買う。社史なども有効。著者は、現職幹部／社員、退職者、外部ジャー

ナリストなどでバランスを取れると吉、等

●会計・税務、マーケティングなどの専門知識について調べる場合：その専門知識を教えている優れた大学院の授業の参考書籍を選んで買う（多くの大学院は授業のシラバスを一般に公開しています。教員の個人ページを見るのも良いです）、その分野に詳しい友人３名にそれぞれおすすめ書籍３冊を聞き、９冊の中から３～５冊選ぶ、自分が学びやすい書籍シリーズから購入する、等

●市場について調べる場合：現状詳しくない市場についての書籍であれば、就職／転職向けの業界研究本からはじめる。その市場についてＷｅｂメディアやＳＮＳですぐれた考察を提示している方の著作物を探す、その市場・業界に関する定期刊行物を出している出版社の書籍をまとめて買う、等

●仕事術やハウツーについて調べる場合：細かいTipsはＷｅｂで補足できるため、より根源的な問いに落とし込んでその問いに関する書籍を買う（例：作業効率を上げたいならば、パソコンのショートカットや集中力を切らさないコツはＷｅｂで調べて、睡眠と作業効率の関係性や他者を巻き込むリーダーシップ発揮のポイントなどは書籍で学ぶ、等）

逆におすすめしないのは、オンラインサイトでのレビュー点数を参考に購入するかどうかを決め

ることです。人と書籍の相性は、人とレストラン・食事の関係性よりも複雑です。専門家にとって素晴らしい本があなたにとっても同様である保証はないし、社会人に成り立ての人が「難しすぎる」と感じる本が、あなたにとってもそうであるとは限りません。他の誰にとっても難解で不要と思われるような書籍が、まるであなたのために書かれたもののように、素晴らしい知識と情報をもたらしてくれる、そんなこともあるのです。レビューを使うとしても、その点数を参考にするのではなく、最高点をつけている人、あるいは最低点をつけている人のコメントを参考にするようにしましょう。そうすれば、自分の期待値からあまりにもかけ離れた本を買うことはなくなるでしょう。

この章のタイトルにもある基盤づくりですが、その厚みは過去の累積読書量で近似できることが多いのではないか、と感じることもあります（全く読書をしないが、圧倒的な経験を通じて基盤ができていらっしゃる方にもお会いするので、絶対ではありませんが）。情報収集・活用に関わる方には、ぜひ読書を継続的な趣味にしていただきたいなと思います。ジャンルは問いません。漫画でも、小説でも、ノンフィクションでも、そこで得られた情報をメタ化して血肉とすれば、みなさんの知の基盤はより充実したものになるはずです。

専門家は巨人です、巨人の肩には思い切って乗っていきましょう。

専門メディア記事を1年分的読みする

どんな分野にも、専門メディアというものはあるものです。例えば「〇〇新聞」などのタイトルで発行されている専門紙メディアを見てみると、

日本農業新聞／日本種苗新聞／日本養殖新聞／日刊建設工業新聞／冷凍食品新聞／繊研新聞／薬事日報／金属産業新聞／電子デバイス産業新聞（旧・半導体産業新聞）／ガスエネルギー新聞／日本流通産業新聞／交通新聞／保険毎日新聞／リフォーム産業新聞／専門学校新聞／観光経済新聞／ブライダル産業新聞

等、日本経済新聞や読売新聞などの総合紙よりも相当業界について深い知見を得られるだろう業界紙が並びます。また月刊や週刊のメディアを見てみると、

月刊 コンビニ／月刊 激流（流通専門紙）／月刊 ＫＡＩＵＮ（海運）／月刊 コマーシャルモーター（トラック・特装車）／月刊 不動産流通／月刊 食品包装／月刊 総務／月刊 人材ビジネス／週

刊 社会保障／月刊 ネット販売／ＰＯＰ ＥＹＥ（ポップアイ。隔月。サイン・ディスプレイの専門誌）／月刊 飲料ビジネス／月刊 Gift PREMIUM（ギフト業界専門誌）／月刊 ホテル旅館／月刊 フードケミカル

こちらのように、専門紙同様、業界特化の専門誌が多くあることがわかります。その業界に関する大きな流れを把握するのであれば、月刊誌を過去1年分まとめて購入し、各タイミングでどのようなことが特集にあがってきているのかをフォローアップするだけでも、その業界の中の人が注目しているキーワードやイシューがうっすらと見えてくるでしょう。

これら多くの専門メディアは、その業界やテーマに既に取り組んでいる、いわゆる「中の人」を想定して記事を書いているため、内容は当然専門的で、一般誌や汎用経済誌で取り扱われるよりも内容も深くなるし、編集・解説の視点もビビッドである印象があります。

専門メディアは、Ｗｅｂ上でも多く展開されています。

みなさんのお仕事や興味関心に近い部分で、まずどんな専門メディアがあるのか、調べてみるのも良いのではないでしょうか。多くのメディアがメールアドレスを登録すると毎日・毎週新規記事の通知を届けてくれるので、ぜひこの機能の利用をおすすめします。

また、その業界に属する企業自身が運営するオウンドメディアも多くあります。例えば車ブランドのLEXUSが運営するLEXUS Magazine (https://lexus.jp/magazine/)、下着メーカーのワコールが提供しているWACOAL BODY BOOK (https://www.bodybook.jp/) など、大手企業が運営するものも一定あります。数百のオウンドメディアについてそのテーマや運営企業をまとめているメディア・オブ・オウンドメディアもあるので、そちらを見てみるのも良いのかもしれません。

自社事業や現状取り組んでいるテーマに関わるものであれば、定期的にこれらのメディアに触れていくのがおすすめです。また、もしコンサルティング業界や新規事業関連部署などにおり、特定のテーマについて一気に知識基盤を獲得する必要性が出てきた場合には、以上のようなメディアについて過去1年分程度の記事をすべて流し読みすることをおすすめします。記事の中で出てきた単語を追加で検索してみたり、記事の中で紹介されていた企業を見てみたりするところから始めて、さらに記事と記事の間で紹介される内容の関係性を読み解いたり、その中で取り上げられるトピック・トレンドについて思索を深めたり。

記事一気読み、特に経験の少ない領域ではおすすめです。

海外メディアの1ヶ月分の記事を全て読む

前項で挙げたものはすべて日本語のメディアでしたが、対象を海外メディアにまで広げると、知識基盤の豊かさが一気に増します。Ｗｅｂ情報における英語情報と日本語情報の大きな差を考えると、英語メディアへのアプローチはぜひすることをおすすめします。

更新頻度や内容の充実度を見ると、英語メディアのほうが圧倒的に充実していて、情報密度・鮮度ともに高いことがわかります。

英語メディアを1年分読むのは、日本語ネイティブにとっては大変だと思います。そんな時は少しボリュームを減らして、直近1ヶ月程度をぐっと読んでみるのはいかがでしょうか。英語を読むことが負担になる方は、ぜひ無料で利用できる翻訳サービス（DeepLやGoogle翻訳など）を積極的に活用して、なんとか読み解いてみましょう。1年分の記事タイトルを見るだけでも、思考の刺激にはなるはずです。

言語の壁は技術の力も借りて乗り越えていきましょう。

関連する研究・論文をまとめて読んでみる

瞬間的に出てくるメディア記事のみならず、研究報告や論文についても見てみることをおすすめします。巨人たちの知は、ここにこそ貯まっているからです。

例えば、デジタルヘルスに関する情報基盤づくりにトライしているとします。デジタルヘルスに関連する研究論文を掲載している論文誌として、

- The Lancet Digital Health
- npj Digital Medicine（Nature Partner Journals）
- Digital Health（Sage Journals）
- International Journal of Digital Healthcare（IJDH）
- Frontiers in Digital Health

等があります。
例えばDigital Health（Sage Journals）を見てみると、Facebookのオープングループで行われてい

る参加者同士のメンタルヘルス相互支援の効果を定量的に検証した論文［※1］や、ヘルスケア領域でのＡＩ駆動形チャットボットの活用事例を研究した論文［※2］などが見つかります。

以前、人のリスク選好や意思決定に関する調査をしていたときに、「大気汚染の状態が人のリスク選好にどう影響するのかを、各地域で行われるチェスの引き分け率を用いて検証した研究」を見つけて非常に興味を惹かれたことがあります。このような視点があるのか、データの使い方はこんなふうにすべきなのか等、論理展開や事業仮説の検証方法を考える上でも、論文や研究に普段から触れておくのがおすすめです。

論文というと、直観的に「小難しいことを書いてあるんだろう」と感じる方も多いかもしれませんが、それほど深い知識がなくとも（完全に理解できるかは別にして）読みこなせるものも多くあります。特に、企業で働いている方であれば、経営学や経済学の産業組織分野の論文は興味深く読むことができるのではないでしょうか。Google ScholarやMicrosoft Academic、CiNiiなどを使えば、日本語の論文もたくさん出てきます。論文の発行年や使われている言語などの指定もできます。ぜひみなさんも、関心を持っているテーマで検索してみてください。

どうしても研究報告や論文はとっつきにくい！ということがあれば、研究内容をわかりやすくまとめたり編集して紹介してくれる既存メディアを利用するのも一つの手です。経営学系の論文をまとめた「ＤＩＡＭＯＮＤ ハーバード・ビジネス・レビュー（ＤＢＲ）」などの有名なところから、

Google Scolarで論文を検索する

Google Scolarの検索結果 https://scholar.google.co.jp/

ＡＩ系の論文を紹介してくれる「AI-SCHOLAR[※3]」、日本国内で研究されている研究課題などをまとめた「日本の研究.com」、著者自身が解説記事を書いている「論文ｎａｖｉ[※4]」、大学院生が自身の研究を記事形式で発表する「Laborify[※5]」などもおすすめです。

さらに、海外の論文が中心になりますが、自分が興味深いと感じた論文と関係性が深い論文をマップ化して表示することもできます。これはConnected Papersというサービスで、研究者である企画発起人が本業とは別のサイドプロジェクトとして開始したもの。このサービスを使って、リーダーシップについて書かれており8千回以上引用されている有名な論文、B. Bassの〝LEADERSHIP AND PE

Connected Papersで関係する論文をステップ化

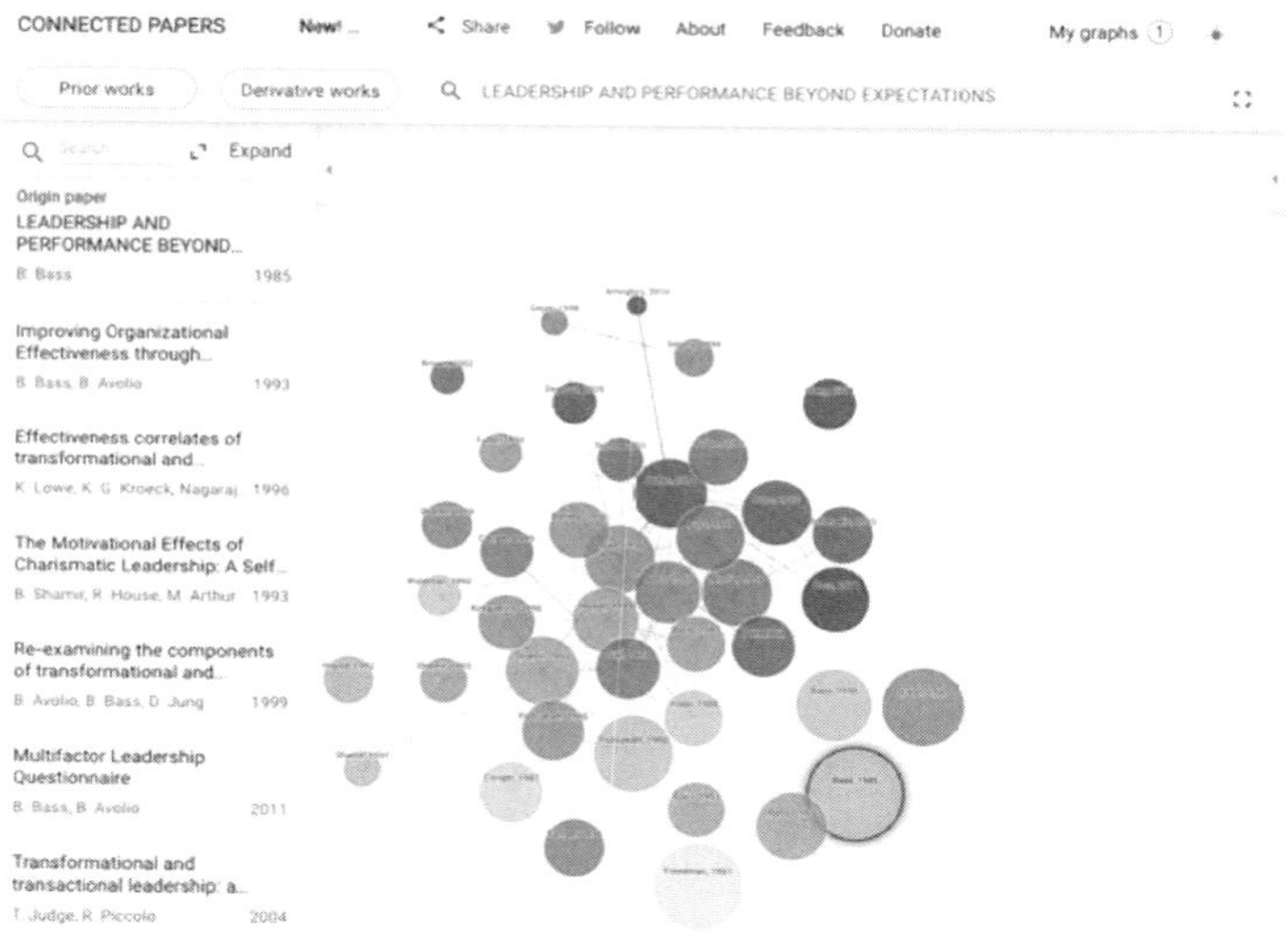

Connected Papersの検索結果 https://www.connectedpapers.com/

RFORMANCE BEYOND EXPECTATIONS〟と関連性の深い論文をマップにしてみましょう。

このマップの中で、線でつながっている論文同士が関係性が強く、円が大きいほうが多く引用されており、色が濃いものが新しい論文になります。研究系譜の中での最先端が知りたいのか、古典的名作論文が見たいのか、問題意識によって読むべき論文は変わりそうですね。いずれにしても、このマップ化はぜひトライしていただきたいと思います。

研究や論文の情報は、最先端の知見が生まれる場所です。うまく活用できれば、こんなに強力な基盤はありません。

Youtubeなどの動画共有サイトを探検する

ここまで紹介してきた方法はすべて、文字や図表を通じて情報を得る方法でした。しかし、近年では情報を得るチャネルは多様化しており、その中でもおすすめの方法の一つは動画です。人によって、どのチャネルから情報を得るのが得意か、よく頭に残るか、は異なると思いますが、文字を追うのが苦手、文章を読むとなかなか頭に入ってこない、という方が一定いらっしゃるのは事実です。そんな方にぜひおすすめしたいのが、動画を用いた情報収集です。

例えば、代表的な動画共有サイトであるYoutubeを観てみましょう。Youtuberの登場などもあり、娯楽用での利用が一般的かもしれませんが、情報収集という観点でも使える情報がたくさん落ちている場所でもあります。

建設機械業界を例に取ってみます。Youtubeの検索で「建設機械」と検索をすると、企業研究を専門にやっているチャンネルが、7～8分で業界の強いプレイヤーやお金の流れ、世界市場における各地域のシェア、新しいテクノロジーの導入状況、日本の各社の事業構造をざっと紹介してくれています。7～8分で読める文字の量はたかが知れている中で、これは市場概要をざっと掴むためには良いコンテンツになり得ます。

その他、実際に建機を扱っている各社、住友建機や日本キャタピラー、コベルコ建機などは自社製品のＰＲ動画をアップロードしていたり、総務省は５Ｇと建設機械を用いた実証実験の動画を公開していたりもします。その他、神戸で行われた中古建機のオークション映像や鹿児島にある建機ミュージアムの内見動画があったり、パワーショベルの操作解説動画があったり、動画コンテンツの幅の広さには本当に驚かされます。さらに、建設機械に関わるコンテンツをいくつも公開している「建機と解体のリプロチャンネル」「建設チャンネル」もあり、内容を見てみると「現場でおすすめのヘルメットはこれ！」「熱中症にならないためにはこれを着ろ！」のような素晴らしい知見で溢れています。

さらに、英語での検索もしてみましょう。建設機械を英訳して「Construction Machinery」で検索をすると、Machinery MagazineやMachinery Channelなどのチャンネルが、橋の建設や道路工事、鉱山作業などで建設機械がどんな風に活躍しているのかを動画で紹介しています。いずれも数百万～数千万回再生されています。実際に再生してみると、特にその分野に強い関心を持っている訳ではない私でもワクワクします。

ここまでざっくりと動画検索をしてきましたが、動画の中で出てきたトレンドや企業名、個別領域の名前などを入れ込んでいくと、さらなる深掘りもできるでしょう。動画閲覧はある種の中毒性があるので、時間を区切って、適切な量、やっていきましょう。

スタートアップや新規事業関連の調査をするときには、この動画検索は特に力を発揮します。基盤をつくる、という意味で、特定の業界のスタートアップを調べてみる、そんなシーンを考えてみましょう。Youtubeの検索で、「Fintech Startups」といれると、多くのジャーナリスト・投資家・メディア系などのYoutuberが「これからくるFintechのスタートアップはここだ!」等の紹介動画から、「なぜFintech Startupは失敗するのか」「Fintech Startupを立ち上げる方法」などのノウハウ動画も多く見つかります。さらに、「Fintech Startup pitch」とすると、様々なスタートアップイベントで、Fintech関連のスタートアップが聴衆に対して自社やサービスを売り込んでいる動画を見ることもできます。前述の建設機械などの市場情報と比べて、スタートアップは自ら積極的に自社の露出を高めることに対するインセンティブが強くあり、その意味で情報の検索性も上がっているのでしょう。

動画検索をできる場所も、Youtubeだけというわけではありません。スタートアップが動画公開によく利用しているVimeoや、フランス発のDailyMotionなどもあります。一つの場所で適切な情報が見つからなかったときのために、いくつも情報を持っておくようにしましょう。

短い時間で概要を理解するときにはGoogle検索よりもまず先にYoutube検索。そんな行動習慣もおすすめです。

行政やシンクタンク、研究所などの報告書・レポートで探検する

年末が近くなると、「来年の日本経済を予測！」のような書籍や雑誌が書店の棚に並びます。また、毎年就職活動や転職活動者向けに「〇〇業界研究」のような共通フォーマット本が発売され、書店の一角を占めることになります。

それらを買ってみるのもいいですが、同じように、業界の未来を予測したり、その業界構造を理解するための情報は行政や各種民間企業、業界団体などが無料でWeb上に公開していたりします。例えば、未来予測に関する日本語のレポートを探してみると、

- 野村総合研究所：NRI未来年表　2021－2100［※6］
- 三菱総合研究所：未来社会構想2050［※7］
- 博報堂 生活総研：未来年表［※8］
- 内閣府：将来に予想される社会変化［※9］
- 経済産業省：未来イノベーションWGからのメッセージ［※10］

などが見つかり、内容を見ると、広範な領域に渡った未来予測が行われています。一部ＳＦチックなものも入っていますが、「そんなこともあるかもしれない」と想像力を鍛えるには良い内容かもしれません。

よりテーマを限定すると、さらに多くのレポートや報告書を見つけることができます。行政から出ているものだけでも、

●【経済全般】経済産業省：２０５０年までの経済社会の構造変化と政策課題について［※11］
●【科学技術】科学技術振興機構：報告書「つくりたい２０５０年の社会～水・食・資源から～」［※12］
●【科学技術】科学技術・学術政策研究所：科学技術予測調査［※13］
●【国土】国土交通省：２０５０年の国土に係る状況変化［※14］
●【働き方】厚生労働省：「働き方の未来２０３５」［※15］

等があり、さらに「組織横断で、どんな未来予測が行われているのか」に関する調査も公開されています（未来工学研究所「国・機関が実施している科学技術による将来予測に関する調査〈報告

書〉」)。

以上のものに、民間企業が出している分野別レポートを加えるとさらに様々なものが出てきます。ここで記載したシンクタンクに加え、企業の将来に向けた活動・変革を支援するコンサルティングファームは未来予測について多くのレポートを出しています。グローバルコンサルティングファーム・マッキンゼーが出した『The future of work in Japan［※16］』は、技術の進化に伴い、日本では2030年までに既存業務のうち27％が自動化され結果1660万人分の雇用が代替される可能性があることを指摘し大きな話題を呼びました。また投資銀行の雄、ゴールドマン・サックスは自動車産業やeスポーツなど注目度が高い業界に関する未来予測を同社Webページ上で公開しています［※17］。行政が出すレポートは、その特性上、ある種の正しさや網羅性を求めるには良いのですが、深ぼった洞察や示唆は得られないことが多いです。その点、民間企業が出すレポートは事実の紹介にとどまらず、そのファームやチームの考えを明確に示していることがほとんどで、なるほどそんな観点で見るのか、と膝を打つような内容が記載されていることもあります。

未来予測に限らず、業界理解についても行政・民間企業が出しているレポートにアプローチすることは有効な手法です。特に、海外に関する情報を調べるときには、政府系機関は相当に充実した情報を提示してくれています。海外での事業や取り組みを行いたいと考えていらっしゃる方は、ご自身が取り組まれているテーマについて、経済産業省や中小機構、JETRO等が発行しているレポートがないか、調べてみることをおすすめします。

経済産業省が民間のコンサルティングファームや調査会社などに実施を委託した各種調査は、リスト一覧として実際の資料へのリンクとともにまとめられています[※18]。２０１９年度は1年間で合計３３３件の調査報告書が提出されており、

●株式会社ＪＴＢ「令和元年度地域経済産業活性化対策等調査事業（北海道十勝地域の食・観光関連産業の連携による高付加価値化プロジェクト創出調査）調査報告書」

●株式会社ジェイアール東日本企画「令和元年度ローカルデザイナー育成支援に関する委託事業実施報告書」

●株式会社日本総合研究所「令和元年度産業技術調査事業（大学発ベンチャー実態等調査）報告書」

●エム・アール・アイ　リサーチアソシエイツ株式会社「令和元年度産業経済研究委託事業（グローバルサプライチェーンにおける日本企業の競争的優位性に関する調査）調査報告書」

等、多様なテーマでレポートが上がってきています。これらのレポートは、Ｗｅｂ環境があれば誰でも閲覧することができるので、自らの業務や関心に少しでも関わりがあるのであれば、一読さ

れることをおすすめします。

特定事業や市場に関する特化型の報告書・レポートをフォローする

先述の行政やシンクタンクがまとめた報告書以外にも、企業が自社領域に関して自主的に発行しているレポートや、ジャーナリストがまとめたレポートや彼らの分析ブログを確認することも、基盤づくりの役に立ちます。

大手企業のなかには、自社のサービス領域に関する調査報告書やレポートを定期的にリリースしている企業があります。検索サービス大手・Googleは年末に各地域での検索トレンドをまとめて共有するWebサイト（2019年・日本では「Year in Search: 検索で振り返る 2019[※19]」）を公開していたり、民泊サービス大手・Airbnbも世界的な旅行トレンドを定期的にブログ形式で発信[※20]、家具製造販売のIKEAも毎年家をテーマにしたレポートを発行しています[※21]。これらは企業のコンテンツマーケティング（高品質なコンテンツを提供しサービスのファン化を促進することで将来の収益へとつなげるマーケティング手法）の文脈で提供され、当事者ならではの深いインサイトが提示されていることも多いです。日本でも、ファッションコーディネートサイト「WEAR」を運営しているZOZOがサービス内での検索キーワードや着用トレンドに関する調査レポートを出していたり[※22]、ＤＸやＵＸに関するソリューションを提供しているKaizen Platformが「＃ＤＸ白書２０２１」を発表していたり[※23]、ＣＲＭ大手のセールスフォース・ドットコムが営業活動に関するレポートを発行しています[※24]。

企業だけではなく、メディア系企業やジャーナリストが公開しているレポートも有効です。例えば消費者トレンドの大きな流れを知りたいと考えたときに、これまで紹介してきたようなレポートとして、米系コンサルティングファーム・デロイトが発行する「Consumer 2020[※25]」や、調査会社・ユーロモニターインターナショナルが発行する「２０２０年 世界の消費者トレンドＴＯＰ10[※26]」などを見てみるのが一歩目でしょう。

さらにそこから進んで、メディア・The Business of Fashionが発行する「The State of Fashion 2021 Report: Finding Promise in Perilous Times[※27]」やThe New Consumerのなかで公開されている「Consumer Trends 2021[※28]」等も参照すると、得られる情報の幅が広がり、深さも大きく変わるでしょう。

個人ジャーナリストが発表するレポートは、ブログやメディアにおける寄稿記事の形式を取ることも多くあります。人事領域のリサーチ・アドバイザリーを行うWorkplace Inteligence社のマネージングディレクターを務めると同時にニューヨークタイムズのベストセラー作家でもあるDan Schawbelさんが発行するワークプレイス・職場に関する観察・予測レポートはLinkedin上で発表され[※29]、

UXデザイナーのIan Batterbeeさんが発表する顧客体験トレンド予測レポートはブログプラットフォームのmediumを用いて公開されています[※30]。

以上のような特化型のレポートは、探し出す・見つけ出すハードルが相応に高いです。Google検索をするにしても、相当に絞り込んだ検索キーワード選定をしないとこれらのレポートが検索上位に表示されることはまずありません。そのため、これらのレポートを見つけ出すために、後述するソーシャルハンティングやSNS、ニュースレターなどの活用と併せてこの項目の実践に挑戦してもらえればと思います(私自身も、先述のようなレポートは業界の中の人のSNSやニュースレターを通じて収集しています)。

情報収集をし、それらをまとめ、公開してくれるありがたい企業や個人がこの世界にはたくさんいます。彼らの肩に乗り、どんどん楽をしましょう。すべてを一から始める必要はないのです。

❷関心のある新鮮な情報から触れる
世の中のエッジ・新しい取り組みにアンテナを立てる
プレス・ニュース、リリース配信サイトを覗く

ニュース（News）、名前の通り、この世の中で新しいもの・Newなものをたくさんまとめて紹介してくれる媒体です。ニュースを知るための媒体は多くあり、その代表例でもある新聞は「社会人になったなら読まなきゃだめだ」といわれる媒体の上位に入るでしょう（私が新卒で入社したコンサルティングファームでも、当時世話になった上司から「どんなに忙しくても日経新聞は毎日読め」と言われていました）。

新聞やニュースアプリの良さは、自分が読むつもりのなかったテーマ・内容のものも（少なくともタイトルレベルでは）目に入ってくることです。このような偶発的な出会いが、新しい知の広がりとして、みなさんの世界の中に入ってくることでしょう。知らず知らずのうちに偏ったり固まっ

てしまう情報や知識のバイアスを補正するためにも、このような偶発性を知の基盤構築過程に埋め込んでおくことは必須だと考えています。

とはいえ、これらの偶発性にも一定の限界があります。ＳＮＳやインターネットの普及によって「エコーチェンバー（Echo Chamber、反響音を作り出す部屋のこと）現象」が取り上げられることが増えました。これは同質性の高い環境で特定の方向に偏った同じような意見を見聞きし続けることによって、自らのものの見方や意見が固着化、増幅・強化されることを指します。TwitterやFacebookなどのＳＮＳで同じ趣味・思想の人のみとつながりがちな環境や、ニュースサイト等で個々人の属性や閲覧履歴を元にクリックしやすそうな記事が上位に表示されるなど、エコーチェンバー現象が生まれやすい環境が高まっていることは事実です。「自分は大丈夫」そう思っているアナログな人も、日経新聞ばかり読んでいると「政治や経済に関心を持つのは人として当たり前」のような思想が心のなかに黙々と湧き上がってきませんか？　あるいは、「スタートアップなどたいしたことない、やはり記事に出てくるような大企業がすべて」「メディアに特集されるような企業やプロジェクトはすごい、そうでないものはたいしたことない」のようなステレオタイプが湧き上がってきていませんか？　それも立派なエコーチェンバー現象です。私を含め、あらゆる人はバイアスと共に生きているのです。近年、このような情報バイアスを読み手に意識させるニュースアプリやサービスも出てきています[※31]ので、ぜひ一度のぞいてみることをおすすめします。

主体的収集と受動的収集の両方を利用する

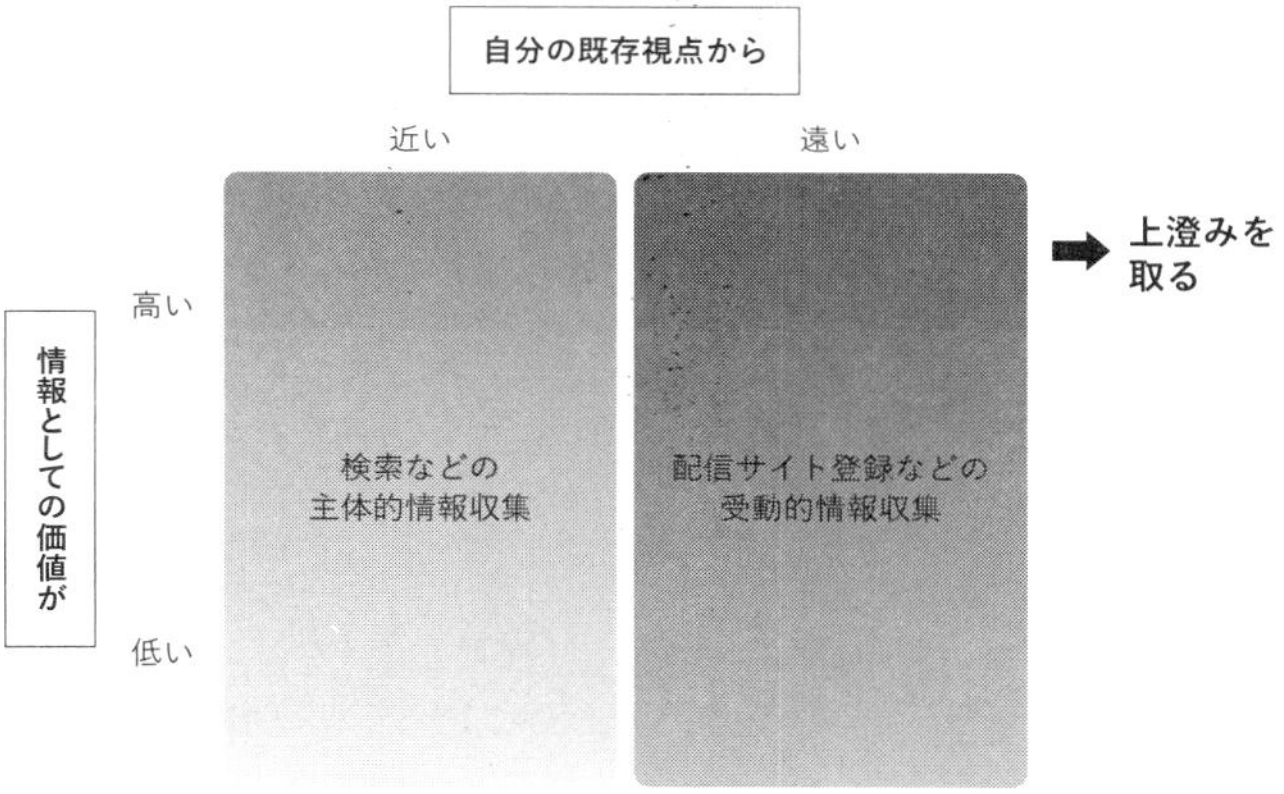

著者作成

少し別の視点ですが、企業や個人発のニュースリリースをまとめたＷｅｂサイトを定期チェックすることもおすすめしたいと思います。代表的なサービスとしては、東証一部上場の総合ＰＲ企業・株式会社ベクトルの子会社が運営するPR Times（https://prtimes.jp/）、東証マザーズ上場のデジタルＰＲ企業・ソーシャルワイヤー株式会社が運営するアットプレス（https://www.atpress.ne.jp/）、その他にもValuePressや共同通信ＰＲワイヤーなどもあります。このようなサービス上に上がってくる情報は、玉石混淆です。しかし、すべてが何かしらの新しさを持っています。そのようなものに目を通すなかで、自分の視点が拡張されていくのを感じて欲しいです。

企業が新商品やサービスを発表したり発売したりするとき、あるいは何か大きな目標を達成したときに、報道機関や各種媒体に向けて「プレスリリース」を出すことが一般的です。それを配信し、新聞社やテレビ局、Ｗｅｂメディアなどの記者に取り組みを認知してもらい、その媒体上で紹介してもらうことで更に大きな社会認知に繋げることがその狙いです。

もともとはＦＡＸや郵送で媒体社に直接リリースを送っていましたが、近年ではプレスリリース配信サービスを利用して情報を届けることも増えてきています。このサービスを利用することで、これまでつながりのなかった媒体社にまでリリース情報を届けることができ、インパクトのある内容であれば情報掲載を狙うことができます。さらに、プレスリリース配信サイトはリリース自体を一般生活者にも閲覧可能な形で一般公開しているところが多く、ブログやＳＮＳを通じたさらなる拡散が期待できるところから、サービス利用が拡大しています。

この「一般公開されているプレスリリース」を、私たちも情報収集に活用させてもらいましょう。PR Timesやアットプレスのトップ画面を見てみると、ニュースサイトのようになっていることがわかると思います。PR Timesでもアットプレスでも、テクノロジーやモバイル、エンタメなどのカテゴリーに加え、閲覧ランキングやＳＮＳでの話題度なども確認することができます。

（２０２０年12月末時点）

リリース配信サイト内で検索をかける

さらに私のおすすめの使い方としては、これらのサービス内でキーワード検索を行うことです。自社の名前、所属する業界、行っている業務、関心のあるテーマなどなど、検索できるキーワードは無限にあります。プレスリリースという特性上、「日本初」や「世界初」等の言葉と掛け合わせると独自性の高いニュースが見つかる可能性も上がります。また、できる限り具体的なキーワード、できれば固有名詞を入れ込んでみると、ノイズの少ない検索結果になるかもしれません。

例えば「メディテーション」「マインドフルネス」のような言葉で検索すると、

- 集中に最適な音楽アルバム配信のお知らせ
- 海外発の睡眠・瞑想・リラクゼーションアプリの日本上陸のお知らせ
- 総合的なウェルネス事例を学ぶための有料講座開催の案内
- ウェルネス系書籍出版のお知らせ
- メディテーションを行う旅行パッケージのお知らせ

等、多様なサービスや商品が展開されていることがわかると思います。

毎日やるのはやり過ぎかもしれませんが、毎週・毎月、一定のタイミング、一定のキーワードで、どんなプレスリリースが出てきているのかを定期ウォッチしてみてはどうでしょうか。いろんな企業の新たな挑戦に触れること、そのものが刺激になるかもしれません。

スタートアップやテック企業の新サービスまとめ紹介サイトでサーフィンする

スタートアップやテクノロジー企業が新たに生み出すサービスには、世界にはどんな課題や問題があり、それに対して、どんなアプローチがあり得るのかのアイデアが詰まっています。大企業が取り組む新規事業でも、その領域で事業を始めるスタートアップのサービスでも、それを検討する上では業界やテーマについて理解を深めてからリリースをしているはずで、逆にいえば、そのサービスを深く見つめれば、その向こう側には、そのサービスの開発者及び提供者が捉えている世界観が見えてきます。

この項目は、特に新規事業や新サービス創出に関わる人は必須です。頭の柔軟性を求められる、あるいは高めたいと考えている方はぜひ参照していただきたいところです。

日本国内の事例でいうと、サービスサファリ（https://www.service-safari.com/）が有名です。毎日のように新しいサービスが登録されており、C2CやAI、シェアリングエコノミー、グルメなどのタグ・キーワードでも検索ができるので、関心のある領域のサービスを見てみてください。スタートアップのサービスから個人開発のプロダクトまで載っており、その幅の広さが素敵ですね。

海外にまで目を向けると、毎日数十のサービスを紹介しているメディアもあります。その中でも代表的なメディアであるProductHunt（https://www.producthunt.com/）を毎朝確認することを習慣化しており、気になるサービスについてはチェックリストに登録しておくようにしています。また、サービスとスタートアップをセットで紹介してくれるbetalist（https://betalist.com/）も、思考の刺激に有用で、おすすめです。

みなさんのお仕事が新規事業に関わるものであったとしてもそうでなくても、関わる領域での新しい取り組みは把握しておくと、仕事でも消費者側としての活動でも、活かしどころがあります。ぜひここで紹介したサイトを覗いてみてください。

海外スタートアップ50社を通し見する

前項で紹介したのはサービスを中心に調べる方法。併せて、サービスを出している主体であるスタートアップのほうもぜひ見てみましょう。自分が関わっているのが営業・マーケティングであれ、経営企画・事業企画であれ、研究開発であれ、既存業界・市場へと挑戦を突きつけるスタートアップのことを知っておくことは重要です。

「スタートアップで知っている会社は？」と聞かれたときに、「GAFA」や「メルカリ」のような一般的な答えだけではなく（もちろんどれも素晴らしいテック企業ですが）、もっと視点を広げて、自らの文脈に寄せて各企業を見られるとより素敵だと思います。例えば、

❶自分が所属している業界にいるスタートアップ（例：物流業界→ロジスティクス・モビリティ関連のスタートアップ）

❷自分が担当している業務に関わるスタートアップ（例：経理業務→ファイナンスや経理業務に関連するスタートアップ）

❸自分の家族が関わっている業界や業務に関わるスタートアップ（例：パートナーが看護師→看護師業務を支援するサービスを開発するスタートアップ）

❹自分の出身地や勤務地で関わっているスタートアップ（例：神戸→海運や観光などをテーマにしたスタートアップ）

❺趣味の領域とかぶるスタートアップ（例：スポーツ観戦が好き→選手のけが防止やVR中継

等に取り組むスタートアップ）

の5つの視点があります。それぞれの観点で10社ずつ、合計50のスタートアップ、新しいサービスに触れるだけでも、みなさんの価値観が大きくアップデートされるのではないでしょうか。

具体的にどんな方法でスタートアップ情報を取りに行くのがいいのか。Googleでそのまま検索してみるのも1つの方法ですが、それ以外で、私が主に行っているのは次の3つです。

1つ目は、スタートアップ企業を集めたデータベースを利用する方法です。日本のスタートアップを対象にしたデータベースだと、無料で利用できるサービスとしてSTARTUP DB（https://startup-db.com/）があり、2020年末時点で1・3万社以上のスタートアップ情報を掲載しています。「医療・介護」や「環境・エネルギー」、「航空・宇宙」「スポーツ」「人事」などのカテゴリーで絞り込みができ、従業員数や資金調達状況などの企業概要や扱っているサービスや最近の関連ニュースも一覧で確認できます。便利ですね。無料だと一部機能が制限されますがオリジナル記事なども発行するINITIALや、世界中のデータベースから情報を引きつつ一括検索できる有料データベースを運営するSUNRYSEなどもあります。経済産業省の調査を基にした大学発ベンチャーをまとめた「大学発ベンチャーデータベース（https://univ-startups.go.jp/）」もあったりします。

海外スタートアップにまで目を向けると、AngeLlistやCrunchbase、PitchBookやCB Insightsなどがあったり、ほか、イスラエル政府が国内のスタートアップや投資家をまとめて公開しているStart-up Nation Finder (https://finder.startupnationcentral.org/) などがあったり、既存データベースを活用する、というのは一つの有力な方法です。Google検索をすると、スタートアップに関わる業界の方が、自身・自社のために調査した外部企業のリストをGoogle Spreadsheet等で公開している場合もあります[※32]。

スタートアップの調査に限らず、Ｗｅｂ全盛の現在にあって様々なデータベースが登場しており、その活用をどのように行うかで情報収集や作業・仕事の効率は変わります。少し話が逸れますが、無料で使える画像、報告資料のテンプレート、計算を行うExcelフォーマットなど、データベースで扱われる対象も様々です。何かの情報を集めたい、と思ったときに、「その情報を取り扱った（できれば無料の）データベースはないか」と考えてみるのはおすすめの思考法です。

さて、２つ目の調べ方は、スタートアップを取り扱ったメディア内で記事検索を行う方法です。代表的なスタートアップメディアであるTechCrunchで、業界や業務に関するキーワードで検索を行うと関連するいくつかの記事が上がってきます。例えば、「ｅスポーツ」で検索を行うと、中国・テンセントがｅスポーツプロバイダーＶＳＰＮに出資した事例や、東京メトロがｅスポーツ教育事業を展開するゲシピと業務提携した記事などが挙がってきます。同じようにスタートアップ系のメディア・The Bridgeでｅスポーツの記事検索を行うと、TechCrunchのような資金調達記事に加えて、ゲーム配信者へのインタビュー記事や、中国のｅスポーツ市場規模の将来予測などの記事もヒットします。１つ目の方法として紹介したデータベース検索で得られるのは企業概要などの〝乾いた〟情報が中心ですが、記事検索だと記者や編集者の視点を加えてより文脈性が豊かになった情報を多く得ることができます。

上手くいけば、各種メディアがまとめてくれている注目スタートアップ記事も見つかります。英語でいくつかのキーワードを掛け合わせれば、「10 Early-Stage Esports Startups To Watch［※33］」や「The startups that power the esports you love［※34］」等が見つかり、中を見てみると多様な業界スタートアップが紹介されています。この検索結果はとても便利で、以上の記事タイトルを一部変えて、農業スタートアップについて調べたいなら「10 Early-Stage Agri Startups To Watch」、ＩｏＴスタートアップを調べたいなら「10 Early-Stage IoT Startups To Watch」とそれぞれ検索すると、著名メディアやジャーナリスト、ブロガーなどがまとめてくれたスタートアップ紹介記事を見ることができます。このように、英語記事のタイトルは共通性が高いため、一度見つけた検索結果記事のタイトルの要素を活かせば以降の検索キーワードを考えるのが楽になります。

日経テレコンやG-Search、Factivaなど、記事検索を行う有料のプラットフォームもありますが、

Ｗｅｂメディアが相当に出てきている現代においては、そのような記事検索プラットフォームを使わなくともできることはかなりあります。本章で紹介した専門メディア内での記事検索などを活用すれば、基盤づくりに使える記事は存分に見つかることでしょう。

最後３つ目は、領域特化型のイベントやプログラムを検索し、その参加スタートアップを調べることです。日本だけだと企業数がそこまでないため、英語検索で世界中のスタートアップを調べたい、見てみたい、というときにおすすめの方法です。

この方法をとる場合、まずその領域に特化したイベントやプログラムを探すところから始めます。「esports startups program」や「esports startup accelerator」、「esports startup pitch event」などのキーワードで検索すると、

●HYPE INSIDE TRACK（アクセラレーター）[※35]
●Rivals HQ（アクセラレーター）[※36]
●RockTech Paris主催のｅスポーツイベント[※37]
●ｅスポーツに投資しているStadia Ventures（ベンチャーキャピタル）[※38]

等が見つかります。これらのイベントやプログラムに関わっている企業は、それらの主催者の目にかなったスタートアップなので、一定のスクリーニングがきいている企業のはずです。Stadia Venturesの投資先だけでも2020年末時点で50社以上掲載されており、これらをざっと眺めるのもいいかもしれません[※39]。

改めて、スタートアップを調べて見てみることの意義を確認しておきます。様々なスタートアップをじっくり見て、咀嚼し、比較し、考える素材とすることで、

●企業人として：自身の所属する業界の未来をどう描くのか、仕事で関わるステークホルダーとの会話に活かせないか、自分自身やチームの業務に活かせないか
●生活者として：もっと愉しく便利に生活するために使えるものはないか

そんな観点で思いをはせてみると、どんどん情報・知識基盤が豊かになっていくでしょう。

自分の外の世界に視野を広げるのは、とても楽しいものです。そのきっかけとして、誰かが人生をかけて挑戦しているスタートアップの事例に目を向けるのはおすすめの取り組み例です。

クラウドファンディングサイトの上位製品を全て見る

ここまで、世の中の最先端に挑むスタートアップを知識基盤づくりのために調べてみることをおすすめしました。さらに、まだ公開に至らない製品やサービスを紹介しているクラウドファンディングサイトを定期的に確認することも、世の中のエッジを垣間みるのに役立ちます。

日本の代表的なクラウドファンディングサイトだとmakuakeやREADYFOR、CAMPFIREなどがあります。扱われているテーマは、ＰＣやスマホなどに使うデバイス系や新たなファッション提案、地域食材の活用や新しいテーマでのカフェ開業など様々です。これらのサイトを見て、どんなものが公開されていて、どんなプロジェクトが人気を集めているのかを見てみることで、今の社会の動きについて新しい視点が得られるかもしれません。

日本に限らず、世界規模で有名なクラウドファンディングサイト、KickstarterやIndiegogoもぜひ見てみましょう。Indiegogoは２００８年、Kickstarterは２００９年に始まったクラウドファンディングサイトで、TIME誌はKickstarterをBest Inventions of 2010/2011に選定しています。取り扱われるテーマは、アートや芸術、ゲームなどもありますが、製品・サービスの分野では、多くのスタートアップ・企業が自社製品・サービスのテストマーケティングに活用しています。いまやFac ebookが世界的に展開しているOculus Riftや、スマートウォッチのPebbleなどもクラウドファンディング発。新しい製品アイデアの種をクラウドファンディングに探しに行くのもおすすめです。（繰り返しになりますが、英語がハードルになるのであれば、Google翻訳やDeepLを積極的に使いましょう）

ホームセンターやドラッグストアに行って新製品を見たり、渋い商品が並ぶ列を歩いてわくわくすることはありませんか？ クラウドファンディングサイトを見るのはそんな感覚があります。気軽に訪れてみましょう。

専門展示会やカンファレンス関連情報を探る（できれば直接行く）

一つのテーマにフォーカスして様々な講演を聴けたり、製品・サービスを実際に試せたり、業界内外の新たな人と出会ったりできる場所、それが展示会・カンファレンスです。

日本の展示会の歴史は古く、そのルーツは明治10年（1877年）に東京・上野で行われた「第1回内国勧業博覧会」だといわれています。その後、昭和29年（1954年）には自動車領域の「全日本自動車ショウ（現東京モーターショー）」、昭和37年（1962年）には電機業界の「エレクトロニクスショー（現 CEATEC JAPAN）」が開催されるなど、より専門特化した展示会が増えてきました。

現在どんな展示会が行われているのかは、展示会関連のまとめサイト（日本貿易振興機構：ＪＥＴＲＯ・ジェトロや中小機構のような行政機関が運営するものや、民間企業がまとめているものなど）や、展示会が頻繁に開かれる施設、東京だと東京ビックサイト、大阪だとインテックス大阪などのＷｅｂ上でも確認することができます。

２０２１年の開催が予定される、領域を絞り込んだ展示会の例を見てみると、FOOMA JAPAN 2021 – 国際食品工業展／イーコマースフェア 大阪／IMHS 2021 – 国際モダンホスピタルショウ／スマートアグリ ジャパン／SUPER CITY / SMART CITY OSAKA2021など、従来からある産業関連の展示会・見本市もあれば、スマートシティなど新しいテーマ設定を行っているカンファレンスもあります。

こちらも海外に目を向けると、幅は一層広がります。私は仕事の都合上、海外の新規事業・スタートアップ系のカンファレンスを中心に見ているのですが、新製品・サービスや新しい取り組みに関して自分の知識基盤をアップデートする機会として活用させていただいています。いくつかカンファレンスの例を挙げると、／ＣＥＳ（Consumer Electronics Show）／Startup Grind from Google for Entrepreneurs／ＭＷＣ Barcelona／Customer Success Summit／Social Media Marketing World／ＳＸＳＷ／Adobe Summit／Think／SaaStr Annual／Tech Open Air／TechCrunch

Disrupt／Slushなどがあります。ご丁寧なことに、Salesflareは、スタートアップが参加するカンファレンス情報をブログでまとめて公開してくれています[※40]。このような情報もGoogle検索などで見つけられると、フォローすべき情報やそれを集めるタイミングも見えていきますね。

COVID-19の影響もあり、2020年は私が挙げたものも含めて多くの展示会やカンファレンスが中止または延期になり、一部はオンライン上での開催となりました。今後もオンライン開催、オンラインとオフサイトのハイブリッド開催が続くのであれば、日本からの参加も容易になるでしょう。とはいえ、時差などの問題もあり、イベントにずっと参加をし続けるのも大変です。そんなときには、次のような方法でカンファレンス情報を集めていくのがおすすめです。

- ●カンファレンス公式サイトで公開されている情報をチェックする
- ●Youtubeにアップされるカンファレンス動画をチェックする
- ●参加しているジャーナリスト・ブロガーなどの記事を見る
- ●TwitterやInstagramなどのSNSでカンファレンス名での検索を行って関連投稿を探す
- ●日本人参加者の帰国後報告イベントを国内で探す

カンファレンスは、実際に参加して五感で情報を感じられることがひとつの醍醐味です。それでも、参加が難しい場合には、ＳＮＳやYoutubeなどを使って生情報を最大限取りに行きましょう。

何でも現場が一番面白いのです。

❸仕組み化して心理的な壁を下げる

情報を自動・半自動で仕入れる

　ここまで書いてきたコツはいずれも、「よし情報を集めるぞ！」「調べるぞ！」と気合を入れて作業を始めるタイプのものです。日々忙しい生活を送るみなさんにとって、これはなかなか疲れる行為です。情報が自動的に入ってくる仕組みをつくることで、情報の方から自分の方に向かってきてもらい、基盤づくりに気軽に取り組めるようにしましょう。

　情報収集に関する書籍やメディアで紹介されるのは2つ、①Googleアラートと②ＲＳＳリーダーの利用です。この本を手に取っていただけるような方であれば、これらは既に利用済みなのではとも思いますが、簡単にご紹介しておきます。

　Googleアラートとは、指定したキーワードについてニュースやＷｅｂサイトの更新情報をメールやＲＳＳ（ＲＳＳについては後述します）形式で伝えてくれる、簡単にいえば「登録するとGoogleが勝手に検索を行い、変更要素があれば伝えてくれる・アラートを出してくれる」サービス。通常のGoogle検索やGoogleニュースでの検索結果の上位項目が変更された場合に、登録したメールアドレスや連携登録されたSlack等のチャンネルに通知が来ます。私の周りだと、「デジタルマーケティング」「買収」などの仕事関連のキーワードや、「留学」「英語学習」などの学習系テーマでのキーワードを登録している人が多いです。このサービス自体は２０００年代からありましたが２０２１年になってもライフハック系の記事で「ぜひ使おう！」というものが挙がってくる等、まだまだ普及度は高くないのかもしれません。

ＲＳＳリーダーは、登録したＷｅｂサイトの新着・更新情報を自動的に取得して一覧表示するサービスです。２０２１年現在利用できる代表的な無料サービスでいうとFeedlyやInoreaderがあり、これらのサービスに登録した上で、自分がチェックしたいメディアをサービス上で登録することで、それらのメディアに新しい記事が上がってくると手元に通知が来ます。検索性能がそれほど高くなかった２００４～２００７年あたりにいくつものサービスがリリースされましたが、現在ではGoogle検索そのものにも押され、盛り上がり感はだいぶ下火になりつつあります。それでも、このサービスの有益性はまだまだ残っていると感じています。

私自身の使い方でいうと、Googleアラートには「田中志」や「Cobe Associe（自社名）」などのエゴサーチ系キーワード、「新規事業」「サービス　リリース」「資金調達」等の事業系キーワード、「デジタルヘルス」「ヘルスケアＡＩ」等のテーマ系キーワードなどを登録しています。またFeedlyには、

The AtlanticやAxios、Voxなどの海外メディア、ScienceDailyやEurekAlert!などの研究系メディア、不景気.comや官報ブログなどの経済系メディアなどを登録しています。Googleアラートは毎朝、Feedlyは３〜７日に１回程度まとめてチェックするようにしています。これだけでも、最低限の情報収集にはなるかもしれません。両サービスをまだ使っていない方は、ぜひここで一度本をおいて、GoogleアラートとFeedlyの利用登録をしてみましょう。

アンテナが高いエキスパートのニュースレターに登録する

ニュースレター、古い言い方をするとメールマガジン・メルマガは、ＥＣ系など多くの業者が乱雑なメールマーケティングを行ったことでスパム的配信が増加し一時期下火でしたが、最近新たに見直されつつあります。ＳＮＳや各種メディアで情報が高速に流れ去っていく中で、メール・ニュースレターでの情報提供はある種の「スローメディア」として注目を浴びています。ニュースレター配信プラットフォーム・Substackは２０１９年に大手ベンチャーキャピタルのAndreessen Horowitzから１５３０万ドル（約16・５億円）を調達するなど大きく成長をしており、後述するニュースレター、Morning Brewは一つのニュースレターだけで２０１９年に１３００万ドルの売上を上げるなど、収益化が期待される分野として新規参入も続いています。

ニュースレターの種類としては、既存のメディアが一日・一週間など特定期間でリリースした記事をまとめて配信するものから、ジャーナリストや編集者、分野ごとの専門家が自身の興味関心とキュレーション力を活かしてニュースレター向けの個別コンテンツを起こすものまで様々です。2020年には、社会情勢も相まって、リモートワークや働き方に関するニュースレターも多く登場しました。

ニュースレターの注目度が高まるに従って、より良いニュースレターを紹介したりするサービスも徐々に登場しつつあります。Google Spreadsheet上でモールのようにしてジャンルごとのニュースレターを紹介するサイト（Newsletter Virtual Mall［※41］）から、「African Tech」や「No Code」などのタグレベルでニュースレターを探索できるサイト（Newsletter Stack［※42］）まで、いろいろ彷徨ってみながら自分自身の関心に沿うものを探してみてはいかがでしょうか。まだ日本語のものは少ないですが、ぜひ使ってみることをおすすめします。

私は、これらの他にも、QuartzやThe New York Times、The Atlanticなど、メディアのアップデート記事を送ってくれるニュースレターに登録することで、メールボックスを起点にして自分が欲しい情報にアクセスできる形を整えています。いちいち検索するのもアプリを開くのも大変で、朝一番に受信トレイを開いて、メール処理がてらニュースを頭に入れていくのが結局一番効率的だなと最近は感じています。

ご自身が関心のある分野によって、登録すべきニュースレターは異なるでしょう。ぜひここで紹介したニュースレター紹介サイトや、ＳＮＳ等の情報を使って、自分だけのニュースレターポートフォリオを作り上げましょう。

自分の興味ベクトルに近い人が配信するPodcastを購読する

文字や図表が届けられる視覚的メディアの一例がニュースレターなら、耳で楽しめるメディアがポッドキャスト（Podcast）です。ポッドキャストとは、もともと「アイポッド（iPod）」と「ブロードキャスト（broadcast、放送）」が組み合わさった造語で、個人や企業が配信する音声をインターネット経由で聞くことのできるサービスです。聴くための特別なデバイスは必要なく、スマートフォンがあれば、Apple PodcastやSpotify、Amazon Musicなどのアプリ経由で聞くことができます。

TiktokやInstagram、Youtubeを始めとして、動画や画像ＳＮＳなどの視覚メディアは目に見えて伸びていますが、耳だけで楽しめるコンテンツも合わせて成長しています。音楽を配信するSpotifyやAmazon Music、聴く本を配信するAudibleやAudiobook.jpに加えて、個人や企業の生の声を配信するVoicyやStand.fm、Anchorなどのサービスが登場し、市場としても盛り上がっています。

２０２１年３月段階で全世界で１９５万のポッドキャスト番組があり、配信されたエピソード数は4700万回にのぼります［※43］。2018年4月段階では番組数は52・5万、エピソード数は1850万回だったことを考えると、その成長には目を瞠るものがあります。

Podcastコンテンツには相当の幅がありますが、おすすめの使い方は、自分の感性や知識基盤を広げてくれそうな人や番組をフォローしてみることです。ポッドキャストランキングのようなものの上位には英語学習や金融・経済ニュース系が並ぶのですが、自分自身がそれらに関心がないのであれば、聴くのもただ辛い時間になってしまいます。配信者のトーンや雰囲気、扱うテーマに関心が持てるものを選んで聴いてみるのがいいでしょう。

近年では、ポッドキャスト関連のアワードなども登場しています。ニッポン放送が企画しSpotifyも協力するJAPAN PODSCAST AWAEDSや、2005年からPodcastConnectが運営しているThe People's Choice Podcast Awardsなどが代表的で、さらに大手メディアのThe AtlanticやNew York Timesも毎年のように「いま聴くべきPodcast」のような特集を組んでいます。まずは他の人のおすすめを知りたい、というような方は、ぜひそこで紹介されているPodcastも見てみてください。

文字を追うのは辛い、という人でも、耳から話を聞くのであれば気楽に始められると思います。通勤・通学の時間や家事の合間に、ラジオがてらポッドキャストをつけてみるところから始めてみると、意外と習慣になるかもしれません。

ＳＮＳの分野別フォローリストをつくる

ＳＮＳが登場するまで、各分野の専門家はテレビや書籍の向こう側にいる遠い存在でした。しかし今では、Twitterやオンラインイベントなどを通じて、業界のトップランナーの方々の発信内容を追うこともできるようになりました。

私が新卒で外資系コンサルティングファームに入社した２０１２年当時、エキスパートの生の意見を取るためには、一時間数万〜数十万円を調査会社に支払って、個別のインタビューを調整してもらう以外の方法がほぼありませんでした。しかし今では、各種ＳＮＳの発達により、業界エキスパートの発信内容をタイムリーに、かつ無料で補足することもできるようになっています。

私が市場調査・コンサルティングプロジェクトで携わることの多い医療・ヘルスケア業界には、医師、薬剤師、看護師、ＰＴ、ＳＴ、ＯＴ等の専門職を始め、病院経営関連の専門家、医薬・医療機器などに関わる製薬企業のマーケティング担当者やＭＲ、創薬や疫学などに関わる研究者、領域特化型のヘルスケアＩＴスタートアップなど、数多くのエキスパートがおり、各分野での信頼できるＳＮＳアカウントをフォローして、定期的にチェックしています。この方々がどんな言葉を使うのか、何に注目しているのか、どんな論理の紡ぎ方をするのか。それを知るだけでも勉強になります。また彼らがＳＮＳ上でフォローをしている対象（フォローしている人が、更にフォローしている人）をリストに組み込んでいくことで、情報源は更に豊かになるでしょう。

Wikipediaと同じく、ＳＮＳの情報も一昔前までは「すべてが信頼できない、所詮はエンタメ的なまとめ情報」と位置づけられていたのではないでしょうか。今では、多くの専門家の努力もあり、まともな方によるまともな情報が多くＳＮＳ上で広がるようになってきています。前述の医療の分野でも、ＳＮＳを通して根拠ある情報を発信するプロジェクト「ＳＮＳが作る新たな医療のカタチ」などのプロジェクトなどを通じて、信頼できる情報がＳＮＳ上に広がることが多くなってきています。エコーチェンバー現象に気をつけながらも、対象を注意深く選べば、ＳＮＳは有意義な情報チャネルとなります。

さらに、特化型のＳＮＳを利用すればさらに情報収集の質が高くなります。例えば医療の業界では、「医師専用のInstagram」とも呼ばれるカナダ発のＳＮＳ・Figure1［※44］があります。投稿・コメントできるユーザーは医療従事者に限定され、投稿されるのも手術画像やＭＲＩ画像など、専門性の高いものばかりです。サービス内では一つひとつの投稿についてどのように判断するか、診療するか等について活発な議論が行われており、一般ユーザーは（コメントはできないながら）その議論の流れを追うことができます。すべての分野にこのような都合の良いデジタル空間があるわけではありませんが、Twitterのような一般ＳＮＳの中でも、業界の人が集まる濃いコミュニティがあれば、同じような効果を得ることができるでしょう。

現場を経験している専門家の知は偉大です。その方々の努力とＳＮＳサービスに感謝しつつ、私たちもその恩恵にあずかりましょう。

関心が似通っている人のグループチャットやコミュニティに参加する

前項のＳＮＳフォローから一歩進んで、特定の興味関心のもとに集まる人たちのコミュニティに参加してみるのもおすすめです。コミュニティというと、もともとは地域や血縁関係などでつながっていたものが想起されていましたが、最近では趣味や仕事でつながるオンライン上のコミュニティも活発になっています。

私が主に利用しているグループチャット・コミュニティのプラットフォームは以下です。

❶ Facebook グループ
❷ Line オープンチャット
❸ Slack
❹ Discord

特にFacebookグループとSlackコミュニティは、仕事情報もプライベート情報も、いずれの情報収集でも活用しています。具体的には、テクノロジーに関する最新研究や公開事例、自身が使っているツールの便利機能リリース、おすすめの書籍、地元・神戸の美味しいグルメ情報まで、様々な情報をコミュニティから頂いています。

Facebookの「グループ」というページで検索を行うと、様々なグループがヒットします。筋トレやサウナ、写真、バイクなどの趣味でつながるグループから、人工知能やバイオテックなどのテクノロジー関連の勉強会グループ、不動産やリモートワークなどについて個別事例を検討するグループまで様々です。数万人が参加するグループもあり、情報収集の幅を広げる意味ではぜひ活用したいものです。またもともとは業務ツールとして利用されていたSlackや、ゲーマーのオンライン配信ツールとして活用されていたDiscordなども、各種コミュニティ運営に活用されています。特にソフトウェアエンジニアやデザイナーなどの新しいものを積極的に取り込んでいく文化が醸成されている職種関連のコミュニティや、SNSなどと親和性が高い各種コンテンツ系のコミュニティが広がっています。Slackのオープンコミュニティを探す「slack list ja[※45]」や、Discordのコミュニティを探せるディスボード[※46]などもコミュニティ探しに有益かもしれません。

有料で提供されるいくつかのコミュニティでは、より濃密なコミュニケーションが行われることもあります。オンラインサロンとも呼ばれるこれらのサービスは、特定の有名人をコアにして集まったコミュニティであることも多く、人によって得られる価値は様々です。大手の有料コミュニティ運営プラットフォームであるＤＭＭオンラインサロンやCampfireコミュニティで、自身の関心に近いものを探してみるのもいいでしょう。月額数千円〜かかるものもあるので、ご利用は慎重に。

２０２０年に外出自粛や三密回避などが推奨されたこともあり、オンライン上で活動するコミュニティの数は大きく増加しました。この機会に、ぜひ双方向の学びの場に参加してみませんか。

番外編：〝自由調査時間〟として自分のカレンダー・予定をおさえておく

最後のコツは、自動化・半自動化のようなものではないのですが、私なりに導入しているある種の「仕組み」です。それは、一週間のうちどこか1時間を「自由調査時間」として、カレンダーの時間を押さえてしまうことです。

私は毎週金曜の夕方〜土曜の午前中のどこかで、翌週月曜日から金曜日までの予定をできる限り詳細にイメージして、カレンダーの予定を事前に埋めてしまうようにしています（コンサル勤務時代の上司のマネをして始め、今では習慣化しています。おすすめの仕事術の一つです）。金曜14時のタイミングでＡさんに資料を送る、その前にこの2時間で資料をつくる、そのためにここでＢ

さんと30分の打ち合わせをする、など、仕事の具体をイメージしながら、打ち合わせや資料作成、移動、あらゆる行動を自分が管理しているスケジュールアプリ(昔はMicrosoft Outlook、いまはGoogle Calendar)上に入力していきます。その作業の中で、「この時間は自由に調査をしたり読み物をしたりするぞ」という時間を1時間ブロックします。

ここまで書いてきた情報収集の仕組みやコツを実践し始めると、目を通したい資料や検索したいキーワード、気になるコンテンツがどんどん溜まっていきます。しかし、忙しい日々の中で、緊急度の高い作業を捌いたり他の人からの依頼に答えていると、気がついたら全く情報収集ができないまま1週間が終わってしまう、ということもあります。どうしようもない、という瞬間もあるでしょうが、インプットが細い状態を続けていくと、自分自身の中のストックが抜けていき、質の高い意思決定や行動ができなくなってきます。私はそんな状態を防ぐために、どんなに忙しくなりそうな1週間でも、最低1時間は情報収集の時間を予定に入れ込むようにしています。

忙しい日々を生きるみなさんなので、ニュースレターやポッドキャスト、RSSリーダーに情報が滞留してしまうのはしょうがないことです。とはいえ、どこかで集中してぐっとインプットを深める時間を設けるようにしましょう。「いつかやろう」はバカ野郎。仕組みで乗り切りましょう。

本章のおわりに：

たくさん書き、読み、聴き、語ろう。

この章では、情報を活用してインテリジェンスを生み出すための基盤づくりとして、情報収集をどのように行っていくのか、そのコツをお伝えしてきました。

書いている内容をすべて実践し始めたとして、明日からすぐに情報収集・活用のプロフェッショナルになることができるかというと、おそらく難しいでしょう。知識基盤は一朝一夕でなんとかなるものではなく、日々継続することで、少しずつ出来上がっていくものです。

先にも申し上げたとおり、この章でお伝えしてきた手法について、すべてがまったく初見だった、という方はそれほどいないと思います。しかし一方で、それぞれの手法を実践をし、自分が使いやすいように個別化し、仕事やライフスタイルの中に溶け込むほど繰り返している方は多くないのではないでしょうか。

将棋の世界で、藤井システムという独創的な戦法を編み出し時代を席巻した棋士・藤井猛九段がよく揮毫《きごう》される言葉の一つが「涓滴《けんてき》」です。格言の「涓滴岩を穿つ」に出てくる表現で、「わずかな水のしずくも絶えず落ちていれば岩に穴をあける」そんなことから、僅かな力であっても継続して努力し続けることの重要性を示す言葉です。

いつか振り返って、随分と大きく成長したことが実感できる日が来るはずです。ぜひ日々、情報収集習慣を続けていきましょう。豊かで厚みのある基盤をつくるために。

第 4 章

インテリジェンス創出前半：目的に沿ったデータを集める

Chapter 4

Object-based data collection
for better intelligence

外資コンサルのインテリジェンス創出術

インテリジェンスとは何か、改めてその意味を振り返っておきましょう。インテリジェンスとは「判断を下したり行動を起こしたりするために必要な知識」であって、生のデータや、それを整理したインフォメーションに対して、更に分析や加工を行うことによって生み出されるものです。

コンサルティングファーム、あるいはコンサルタントの仕事は、このインテリジェンスを生み出すことにあります。

よくある誤解なのですが、「コンサルティングファームやコンサルタントは、内部で大量の知識・ノウハウを蓄えていて、依頼に応じてその蓄えた情報を組み合わせて示唆を出してくれる」というのは誤りです。もちろん組織・個人として業界や領域に関する知識・ノウハウ基盤を充実させておくことは必須なのですが、クライアントが行いたいと考えている判断や行動に向けたインテリジェンス創出のためには、新たにデータを収集することも必要です。もともとの情報基盤と、新たに収集されたデータ・インフォーメーションを複合的に掛け合わせ、意味ある情報創出を目指します。

外資系コンサルティングファーム・アクセンチュアのチームが出版している『外資系コンサルのリサーチ技法 事象を観察し本質を見抜くスキル』（宮尾大志 著、東洋経済新報社）では、コンサルティングファームが様々なプロジェクトの中でインテリジェンス創出のために実行している情報収集の手法として、次の９つを紹介しています。

❶ Ｗｅｂ検索
❷ 文献検索
❸ 記事検索
❹ 公的調査・統計活用
❺ 民間調査レポート活用
❻ アンケート調査
❼ ソーシャルリスニング
❽ フィールド調査
❾ インタビュー

インテリジェンスを生むための大きな流れ

「本来なら〜であるはず」の原理原則を広く・深く・早く理解することが第一歩。
その中で良い・悪い外れ値を掴み、その外れ値の活かし方を“示唆”“アクション”にまとめる

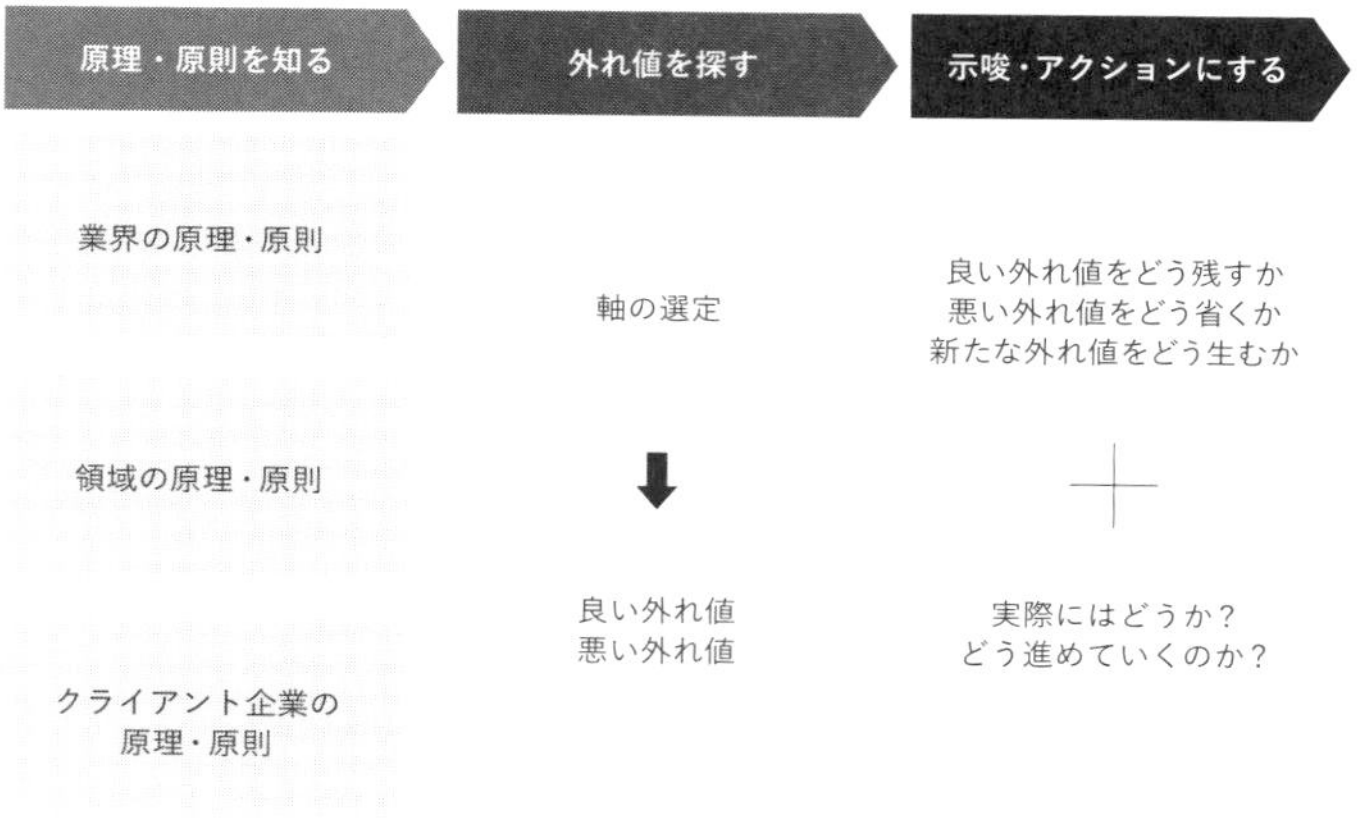

著者作成

❶〜❺で書いているようなものが第3章で書いてきた基盤づくりのための情報収集で、❻以降の各項目が、プロジェクトごとに設計される、個別のデータ収集のためのアクションです。

私が外資系コンサルティングの仕事術について講演する際、インテリジェンスを生むための大きな流れとして「原理・原則を知る」「外れ値を探す」「示唆・アクションにする」の3ステップでよくお話をしています。

コンサルティングワークのプロジェクトの進め方としても、このステップに従って進んでいくことが多かったな、と今振り返ると思います。それぞれのステップで、王道とされるアクションがあり、「原理・原則を知る」ためには各種業界レポートや企業内文化の理

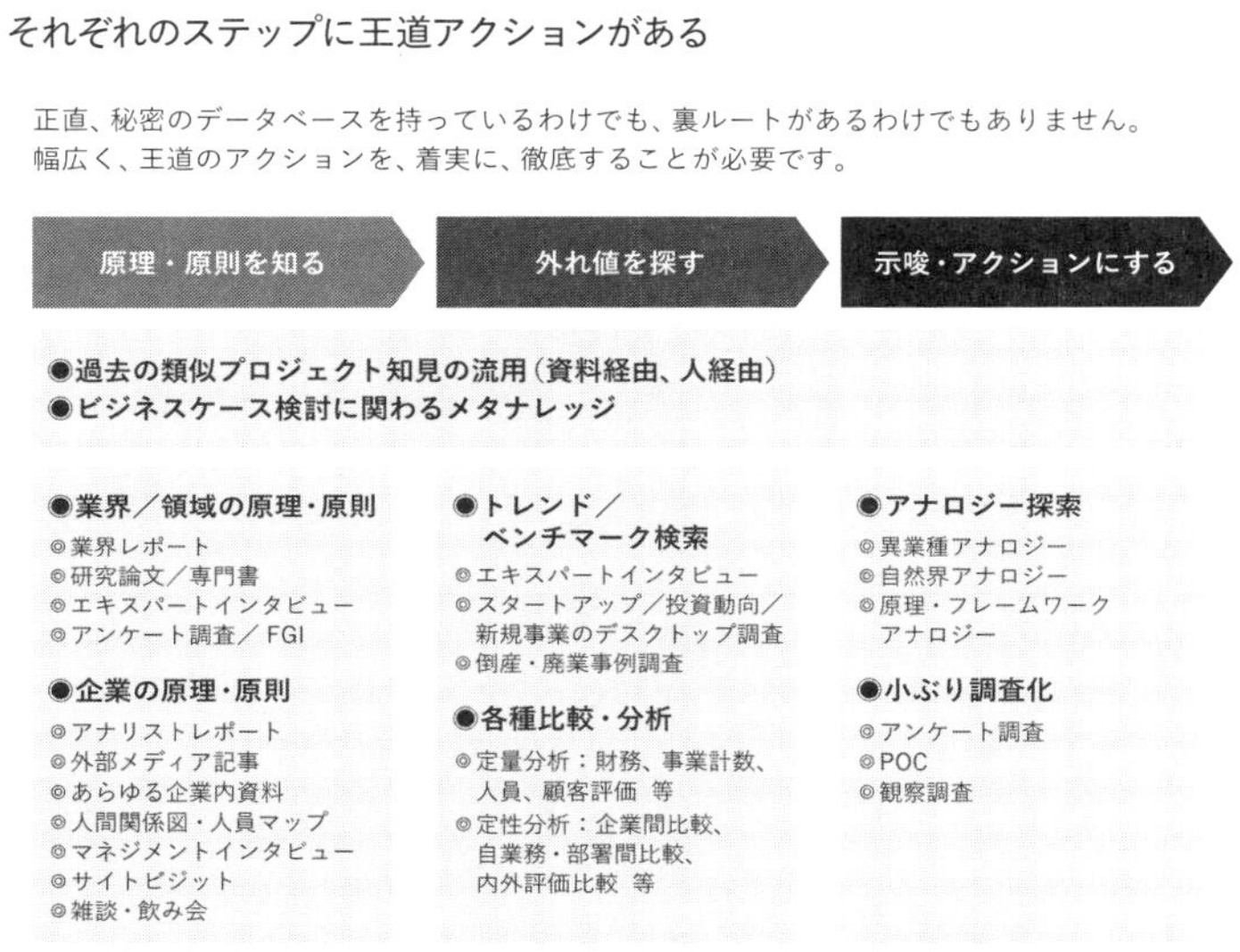

それぞれのステップに王道アクションがある
正直、秘密のデータベースを持っているわけでも、裏ルートがあるわけでもありません。
幅広く、王道のアクションを、着実に、徹底することが必要です。
原理・原則を知る
外れ値を探す
示唆・アクションにする
●過去の類似プロジェクト知見の流用（資料経由、人経由）
●ビジネスケース検討に関わるメタナレッジ
●業界／領域の原理・原則
◎業界レポート
◎研究論文／専門書
◎エキスパートインタビュー
◎アンケート調査／FGI
●企業の原理・原則
◎アナリストレポート
◎外部メディア記事
◎あらゆる企業内資料
◎人間関係図・人員マップ
◎マネジメントインタビュー
◎サイトビジット
◎雑談・飲み会
●トレンド／ベンチマーク検索
◎エキスパートインタビュー
◎スタートアップ／投資動向／新規事業のデスクトップ調査
◎倒産・廃業事例調査
●各種比較・分析
◎定量分析：財務、事業計数、人員、顧客評価 等
◎定性分析：企業間比較、自業務・部署間比較、内外評価比較 等
●アナロジー探索
◎異業種アナロジー
◎自然界アナロジー
◎原理・フレームワークアナロジー
●小ぶり調査化
◎アンケート調査
◎POC
◎観察調査

著者作成

解のための活動、「外れ値を探す」ためにはトレンド調査やインタビュー、各種情報の統合分析、「示唆・アクションにする」ためには各種アナロジーの導入や小規模実証などを行うことが一般的です。

基盤づくりやここでいう「原理・原則を知る」ための調査は、前章までで存分にお伝えしてきたのではと思うので、本章ではそれ以降の、目的を持ったプロジェクトやシーンにおいてどんな情報収集を行うのか、それを通じてどのようにインテリジェンス創出につなげていくのかについてお伝えしていこうと思います（情報が出てきたときにどんなふうに思考を発展させていくか、というインテリジェンス創出のための別の側面については、次章で扱います）。

世界を〝複写〟してデータとして保存する

どんなふうに目的に沿ったデータを集めてくるか。それを考える手がかりとして、データがものをいう学術研究の世界を考えてみましょう。学術研究のメソッドには、大きく分けて、

❶事例研究：とある事実や事象に注目し、その原因や対策を明らかにするために具体的な場面や記録を材料として検討を行い、一連の法則性を導こうとする研究
❷観察研究：複数の事例または集団を対象として、同一性や差異の検証を通じて、集団としての法則性を導こうとする研究
❸実験研究：知りたい情報を入手するための特定の実験環境を設定し、条件の違いによる変化や因果関係の解明を行おうとする研究

の3つがあります。

研究は大きく分けて3つある

研究手法	代表的な手法	所要時間	コスト	エビデンス性
事例観察研究	◎文献調査 ◎事例観察調査 ◎半構造化インタビュー など	小	小	低
集団観察研究	**◎アンケート調査 ◎リアルワールドデータ分析 ◎構造化インタビュー調査 など**	**中**	**中**	**中**
実験研究	◎ランダム化比較試験 ◎ランダム化比較試験 ◎クロスオーバー試験 など	大	大	高

著者作成

事例研究は比較的手軽に行うことが可能ですが、どの程度一般的な法則を導けているかという意味でのエビデンス性が低くなる傾向があります。一方で、実験研究になると統計的な意味合いでもそこで得られた結果は高い一般性・エビデンス性が認められますが、研究自体の設計デザインや準備、実行にかかる時間も金銭的費用も膨大になります。

研究に取り組む方は、目的とする研究成果と投下できる時間や金銭的余裕をバランスにかけて、どのような研究手法で課題にアプローチするのかを決めています。多くの人に届ける薬の有効性・安全性を行政機関に対して説明するために事例観察研究を選択する製薬会社はないでしょうし、提出まで2ヶ月を切っている卒業論文の制作のために（まともな）実験研究を行おうとする大学生もいないでしょう。あらゆる研究手法には一長一短あり、目的と環境に合わせて選択する必要があります[※1]。

みなさんが行おうとする情報収集についても、目的のためにどのレベルでの情報が必要なのかの見極めは最初に行うべきです。新規事業を進める上で主要な仮説を検証するための情報収集を行おうとしているときに、過度の一般性を求めて実験的な手法を採用すると膨大な費用がかかり、さらに結果を得るまでに多くの時間を浪費してしまいます。逆に、向こう3年間の事業戦略のコアになる施策の背景にあるのがたった1名のエキスパートの将来予測、というのでは不安になるでしょう。様々な情報収集の道具を持っておきながら、シーンに合わせて使い分けていきましょう。

また、研究者の方々のふるまいとして参考になるのは、「既存研究をまず徹底的に洗うこと」です。自分自身が取り組もうとするテーマについて、既にわかっていることは何で、わかっていないことは何なのか。わからないことのうち、追加でわかるようにしなくてはいけないことは何なのか。今ある情報をまずは机上に乗せ、答えるべき問いをシャープにしていきます。同じことを、みなさんもやるべきです。

第3章でお伝えしたような情報探しの手法、具体的にはレポート探しや公開情報探しをまず徹底的に行い、「誰もまとめたり明確にしてくれていないが、目的を果たすためには情報として明示しなくてはいけないこと」を明確にするのです。どれだけ頑張ったとしても、車輪の再発明で時間を無駄にするのは悲しいことです。

さて、次の項から、みなさん個々の目的に合わせて利用できる手法として、「事例観察」「集団観察」「実験」で使える具体的な方法を、道具箱の中から取り出してお伝えしていこうと思います。

事例観察

特徴ある事例に目を向け、深堀り続ける

手軽にできて深く潜れるデスクトップ調査

本書の後半でケーススタディを載せているのですが、そのテーマを何にしようかと思い、自身のＳＮＳで募集したところ、たくさんの候補をいただきました。

- ●人を笑顔にする方法
- ●幸せな人生とは何か
- ●ヘルスケアアプリを使い続けると
- ●長く続く企業の株主構成とは……等

このようなテーマに取り組む際、一般性を追求すると何もわからなくなってしまいます。誰でも実践できる、みんなを笑わせられる、笑顔にさせられる方法がもし既に発見できているようであればこの世の中はもっと豊かになっているはずですし、幸せな人生とは何かが明確に定義ができるのであれば、雑誌やラジオの人生相談コーナーに寄せられる「どうしたらもっと幸せになれますか」という相談に答えることはもっと簡単になるでしょう。

そのためにも、まずはGoogle検索で分かる範囲で、事例を集めていきましょう。「漏れなくダブりなく」や「絶対法則」というコンセプトは捨て去って、「とある事例」「とある法則・原則」を見つけること、それだけにフォーカスしてみましょう。

デスクトップ調査の基本はGoogle検索、ぜひ巻末付録で紹介するGoogle検索のコツを使いながら、まずは1つの例を探し出しましょう。例えばここで挙げた「人を笑顔にする方法」を探すのであれば、「人　笑わせる　方法」のようにまっすぐ検索するのも良いでしょうし、笑いなら芸人さんだ！ということで「笑い　吉本　教科書」のように検索すると島田紳助さんが書いた「笑いの教科書」という本も見つかります。論文で探すと「笑い学研究[※2]」という論文誌が見つかり、海外での研究状況や〝ユーモアコーピング尺度〟なるものも提案されていることがわかります。英語でhow to make someone laughと検索するとさらにいろいろな情報が出てきますし、例えば「医療現場での笑い」などシーンを限定すると、笑い療法士というテーマで書かれた島根県立中央病院の定期刊行物が見つかったりします。

また別の場所で検索を行う、というコツも実践します。このようなHow to系の知識が多く貯まっている、または答えてくれる人が多くいる場所の一つに、Quoraがあります。２０１０年に米国で生まれたこのサービスは、「お互い質問や回答をし合うことで、世界中の知識を共有する」ことを目指しており、過去には米国の医療制度に関する質問への回答者としてオバマ大統領が登場するなど、回答者の質、ひいては得られる回答の質が高いことに特徴があります。有り体にいえば「選りすぐられたYahoo!知恵袋」のようなものだと考えても良いかもしれません。この中の既存の回答を閲覧してみる、あるいは、この中に質問を投げ込んでみることで、より具体的な事例を集めることもできるかもしれません（笑わせる方法について調べてみて、「相手を笑わす秘訣は何ですか?」という質問に対する回答を見ながら様々感じるものがありましたので、もし機会があればみなさんも見てみてください[※3]）。

さらに、目的の方向性に一度幅をもたせて広げその後に絞り込むような方法を取ると、更に調査内容が深くなります。笑わせることから更に枠を広げて感情を動かすこと、とすると、怒らせること、感動させること、泣かせること、悲しませること、そんな方向性でも事例を調べてみたくなります。また、対象を子供に絞ってみたり、ペットにまで広げてみたり、文章で笑わせることに絞ってみたり、嘲笑の笑いにまで広げてみたり。

繰り返しになりますが、これらを調べることで「笑いのマスター」になることは難しいでしょう。それでも、人を楽しませる、笑顔にするために、いろんな人が集めた事例は見えてきそうです。世の中は広く、答えへと続く道はこの世の中に必ずあるはずです。それを発見するための問いを見つけ出すことが難しいのですが、そのためにも、まずは具体的な事例を知るところから始めてみてはどうでしょうか。

ＳＮＳの中から情報を〝狩る〟ソーシャルハンティング調査

前項では、ＳＮＳの一つであるQuoraによる調査の例を扱いました。このように、オンライン上で様々な人が自身の考えを披露する、伝え合う行動習慣はいまや一般的なものになりつつあります。こんな時代における調査方法の一つとして、ＳＮＳ上の個別の事例を深堀りすることで深いインサイトを得ようとする「ソーシャルハンティング」をご紹介したいと思います。企業広報戦略研究所と電通パブリックリレーションズが共同で研究しているこの手法ですが、ＳＮＳ上での発信内容を観察し〝感情が発露している〟あるいは〝トレンドの兆しを感じる〟発言に着目することで世の中の動向やものの捉え方を理解しようとする取り組みです。有名人が自分の名前をＳＮＳ上で検索（エゴサーチ、エゴサ）し、登場したメディアでの見栄えや発言に対してどんな評価がされているのかを確認し次の行動へとつなげていくことは、このソーシャルハンティングの代表例といえるでしょう。

この手法では、統計的に意味があるような指標を追うことはしません。「ランダムにサンプリングした消費者の声のうち70%に○○のような声が含まれていることからして、△△と考えられます」のようなことがいえるのであれば、既にほとんどの人がそれに気づいているでしょうし、それは競合他社も同様です。この手法は、マス情報として存在していないイシューやトレンドを個別の声を通じて発見することで、他社・他者に先駆けて行動を始め、先行者利益を得ることを目的とするものです。

では具体的に、どのようにSNS内で声を狩っていくのでしょうか。研究チームは、代表的なSNSであるTwitterに本音として表れやすい現状に対する不満・鬱憤を、WARPATHの名の下で次の7つのカテゴリーに整理することで、検索するキーワードに関する示唆を示しています。

❶ Want（欲求）：～したい、やりたい、したい、したくない、ほしい……
❷ Anti（反感）：わからない、理解できない、許さない、絶許、アンチ……
❸ Request（要望）：してほしい、してほしくない、助けてほしい、募集、緩募……
❹ Problem（困難）：できない、難しい、やばい、無理、無理ゲー……

❺Awful（悲観）：泣く・泣いた、つらい、悲しい、怖い、罪悪感……
❻Tired（疲弊）：疲れ、疲労、しんどい、はぁ……
❼Hate（不快）：ストレス、イライラ、ハラスメント、マウント、怒り、地獄……

研究チームはこの手法を紹介する記事の中で「グラノーラ」をテーマにソーシャルハンティングを行った事例を取り上げ、「Problem＝困難」のキーワードと掛け合わせることで「おなかが弱い、あるいは冬の朝は寒いから冷たい牛乳と一緒に食べられない」「温かい牛乳をかけて食べる」といった「食べ方の工夫」に関する投稿を発見し、「Want＝欲求」で「したくない」を掛け合わせて検索して「雨の日だからコンビニに行きたくなくて、グラノーラで食事を済ます」という「雨の日×グラノーラ」に関する投稿や「適正量ではないが、どんぶりいっぱいのグラノーラでおなかを満たしたい」という「どんぶりグラノーラ」に関する投稿も発見した事例を取り上げています[※4]。もしあなたがグラノーラの開発担当者だったり、あるいはグラノーラと競合する各種製品のマーケティングや新商品開発を担当する立場であれば、これらの情報を価値ある情報として発展させていくことができる、あるいは発展させていくことが求められるでしょう。

ここではTwitterをテーマにして、具体的な検索コマンドなどを見ていくことにしましょう。検索粒度や画面遷移などは2021年2月時点のものです。PCのブラウザ、Twitterのなかの高度な検索実行画面（https://twitter.com/search-advanced）にアクセスすると、次の切り口で検索をかけることが出来ます。

- キーワード
  次のキーワードをすべて含む／次のキーワード全体を含む／次のキーワードのいずれかを含む／次のキーワードを含まない／次のハッシュタグを含む
- 言語
- アカウント
  発信したアカウント／返信先のアカウント／メンションされたアカウント
- エンゲージメント数
  返信の最小件数／いいねの最小件数／リツイートの最小件数
- 日付
  次の日付以降／次の日付以前

スマートフォン版のTwitterでも、例えば「(検索キーワード) since:年-月-日」と検索すると指定した日付より後の発言のみを拾うことができます。

他にも、検索コマンドを組み合わせた検索方法として、「(検索キーワード) :)」とするとポジティブな内容、「(検索キーワード) :(」とするとネガティブな内容のみが検索にヒットするなどの機能も実装されています。さらに「(検索キーワード) near:場所名 within:範囲・半径」を指定することで発言された場所ベースで絞り込む方法もあります。実感値としては正直精度はそれほど良くありませんが、特定の施設や空間の近くから発される声のみを捕捉したい、という場合などに有効かもしれません。

不満や鬱憤に関するものだけではなく、世代としての価値観や考え方を探る際にもこのソーシャルハンティングは有効な手法です。私は〝と考えると安い〟を一塊の検索キーワードとして、「なるほど、そう考えるのか」という事例を知るのが好きです。この言葉で検索すると、「ＰＣキーボード＝文字が打てる楽器」と考えると高いものを買うべき、「チラシ配り＝お金をもらいながらする散歩」と考えると時給は気にならない、という表現があったり。前述のようなＷＡＲＰＡＴＨのキーワード以外にも、このようなフレーズを掛け合わせることで、興味深い事例が見つかってくるはずです。自分なりのフレーズ探しも、ぜひやってみてください。

事例探しは、自分１人で始められます。調査会社や外部の人に依頼するのもいいですが、ぜひ自分でトライアンドエラーを繰り返してみてください。宝の山の探検、楽しいですよ。

専門家に深く問うエキスパートインタビュー

私が仕事上、頻繁に活用しており、価値が高い手法と考えているのが、このエキスパートインタビューです。

「詳しい人に話を聞く」は古典的ながら、今でもパワフルな情報収集方法です。コンサルティングファームにおけるプロジェクトにおける主要な情報収集はこのエキスパートヒアリングから成っており、社内外で、複数領域のエキスパートに対して練り上げられた問いをぶつけた上で得られた情報を統合することで、意義あるインテリジェンスを生み出します。ウォルマートの創業者、サム・ウォルトンは、会計システムの刷新やコンピュータシステムの導入、物流センターの見直しなど、大きな意思決定をするときにはその分野の専門家をインタビュー攻めにして自身のアイデアを発展させていたことで知られています。

エキスパートに話を聞きたい、となったときに、最も大きなハードルは「どうやってそのエキスパートを見つけるか」でしょう。どれだけインタビューで確認したい問いをクリアにしたり、質問台本を丁寧に準備したところで、聞く相手がいなければどうしようもないからです。知り合いですぐに当たれる人が思いつくのであればよいのですが、ここでは、そうではない場合にどんなふうにして話をしてくれるエキスパートを探索するか、についてご紹介をしたいと思います。

知り合いの知り合いを探る

米国の心理学者によって提唱された「六次の隔たり」というコンセプトがあります。これは、全ての人や物事は6ステップ以内でつながっていて、友達の友達の……とたどっていけばあらゆる人々と間接的な知り合いになることができるという仮説で、もともとは米国内の関係性に限定して唱えられていましたが、戯曲や映画でこのコンセプトが採用されたことや、SNSの登場によって改めて注目されることになりました。

この仮説についてはSNS各社によって様々検証されており、2021年現在、意外と確からしい、ということになっています。2010年にはカナダの調査会社・SysomosがTwitterユーザーのほとんどは5次以下の隔たりでつながっていることを発表[※5]。2011年にはFacebookとミラノ大学が共同で行った調査で世界中のFacebookユーザーのうち任意の2人を隔てる人の数は平均4・74人であるという研究結果を公開しています[※6]。また、いくつかの日本のテレビ番組で「任意の人から何人介せば有名人（明石家さんまさんや松本人志さんなど）にたどり着くのか」を実験し、概ね6人以内でたどり着く、という結果が得られています。

インタビュー探しでも、この法則性を存分に活用しましょう。あなたに50名の友人・知人がいるとして、その方々の知り合いにまで範囲を広げれば、50×50＝2500人が人探しの対象になります（濃いコミュニティに所属しており、知人・友人に一定の重複があったとしても、数百人単位には間違いなく広がるでしょう）。

私が所属していた外資系のコンサルティングファームでは当時、全社メールで「こんな経験をした人はいませんか？ぜひお話を聞かせてください」「○○のような人を探しています。お知り合いにいたらぜひ紹介してください！」といった内容が毎日流れてきていました。そして、意外なほどみなさんがそれに対して協力的なのです。人の根底にある助け合いや無私の貢献への欲求を感じる瞬間でした。

ぜひ皆さんも、電話やメール、時にはFacebookやTwitterなどのSNSを使って「知り合いにこんな人はいませんか？」と知り合いに問いかけてみましょう。会社のプロジェクトであれば、事業部のみなさんに聞いてみるのもいいでしょう。同じような立場のコミュニティがあるのであれば、そこで人を募ってみるのも良いでしょう。自分が思うよりも、周囲は優しく、協力的なものです。恥ずかしがらずに、人探しの文章を書きはじめましょう。

SNSや掲示板で広く募集する

知り合いではなくとも、エキスパートや経験者を探すことのできるチャネルは広がりつつあります。私が過去に行ったことがあるのは次のようなものです。いずれも、ＳＮＳと併用することでその価値が大きく増します。

地域や所属コミュニティを絞り込んだ掲示板への出稿

話を聞きたい人の特性と、地域や所属などの属性がうまく噛み合っている場合には、その属性で絞り込める掲示板（リアルのものでも、オンライン上のものでも）を活用するのがおすすめです。地域で特定できるのであれば、行政などが発行するコミュニティ雑誌に広告を出したり、ジモティやマチマチといった地域特化型のＳＮＳに投稿を行うことで対象者が見つかることがあります。また、例えば学生に話を聞きたいのであれば、大学生協の掲示板を活用させてもらったり、大学生専門のＳＮＳやコミュニティに対して働きかけることで、対象者リクルーティングが楽になるはずです。

ネット上の募集・問い合わせサービスの活用

Ｗｅｂ上に、出会いを生み出したり人探しができる様々なサービスが登場しています。私も次のサービスを活用してこれまでエキスパートインタビューをした経験があります。それらをぜひ活用して人探しをしたり、コンタクトメッセージを送ってみましょう。

●yenta：ビジネス版マッチングアプリ
●Linkedin：ビジネス向けSNS、経歴や所属企業などによる検索が可能
●CREEDO：社会人向けOB訪問サービス

エキスパート紹介会社を当たる

以上のような方法でも聞くべき人が見つからない、あるいはお金を払ってでも早く、かつ正確にエキスパートにたどり着きたい、そんな場合には、エキスパート紹介企業を活用しましょう。紹介企業にはいくつかのタイプがあり、

●自社で特定領域のエキスパートを抱えている企業に依頼する（例：数十万人単位の医療従事者パネルを持つエムスリー社に、特定疾患の診療経験を持つ医師へのインタビューを依頼する）
●豊かな会員パネルを持つ企業に、絞り込みと合わせて依頼する（例：楽天の会員パネルを活用して調査を行う楽天インサイト社に、過去リフォームに1000万円以上かけた家庭へのインタビューを依頼する）
●スポットコンサルティング企業にリクルーティングを依頼する

この3つ目の「スポットコンサルティング企業」への依頼を、私は頻繁に行います。日本国内における代表的なスポットコンサル支援企業・ビザスク社は、２０２０年末段階で13万人を超えるエキスパートが登録しています。そのようなエキスパート会員基盤を活用し、同社のスタッフが最適なインタビューイーを紹介するサービス（ビザスクinterview）や、自らエキスパートを検索するセルフマッチング形式のサービス（ビザスクLite）などを展開しており、多くのコンサルティングファームや企業内プロジェクトチームにとって、調査プロジェクトを実行する際の力強いパートナーとなっています。

場合によっては1回数千円でも利用可能なのも嬉しいところです。グローバル大手のプレイヤーとしてGLGやGuidepointなどもあり、海外市場の調査を行う際には必須のパートナーとなっています。いずれもインタビューの調整や謝礼のために一件あたり数万〜数十万円が必要となりますが、いざという情報を取得するためのチャネルとしては、知っておいて損はないでしょう（情報を得ることで目的達成や行動開始が一ヶ月でも早くできるのであれば安いもの、というシーンは、事業を行っていると度々発生します）。

更に、心が強い方はコールドコールを

以上のような方法は生ぬるい、という方に。今すぐに、本当に今すぐにできる方法が2つあります。コールドコール（Cold Calling）と街頭インタビューです。

コールドコールとは、「何のつながりもない相手に電話でアプローチをすること」で、よくいえば電話〝取材〟、悪くいえば電話〝突撃〟です。名前の通り、先方から冷たい反応をもらうことばかりですが、うまくいけば思いも寄らない情報に行き着くこともできます。同じように、今この瞬間街に出て、街頭インタビューをすることもできるでしょう。怪しげなことをしている人と思われないように注意が必要ですが、コールドコールと同様、自分自身のネットワークからはたどり着かなかったような方に会うこともできるかもしれません。私自身、新卒1~2年目はコールドコールは様々なプロジェクトで大量に行いましたし、街頭インタビューも、土日ずっとクライアントの関連施設でお客さんの話を聴き続ける、ということもしていました。

相手に迷惑をかけすぎないことが大前提ですが、時としてこのような調査が求められることもあります。心を強くしておきましょう。

五感を駆使して事例を感じるフィールド調査

ここまでデスクトップ調査、ソーシャルハンティング調査、インタビュー調査の3つを扱ってきました。最後の一つは実際に街に出て行う、フィールド調査です。

フィールド調査（フィールドワーク）とは、現地を実際に訪れて行う調査のことを広く指します。現地の資料館や図書館などを訪れる資料調査もここに含まれますが、一般的には現地・フィールドで行われている営みを直接観察すること、あるいはその営みに関わる人に話を聞くことが主な内容となります。

この調査の良さは、誰の手も介していない「生の」データを直接的に観察し収集できることにあります。書籍であれ、エキスパートインタビューであれ、そこで得られる情報は別の人のバイアス、あるいはその人の言語世界によって加工・編集された情報です。写真撮影に例えると、どんなシーンでシャッターを切るのか、どこにピントを合わせるのか、撮った写真のうちどれを共有するかはすべて撮影者に委ねられており、それらのフィルターをくぐった情報のみが私たちに共有されることになります。もしかしたら、本当に撮ってほしかったシーンは別にあるかもしれませんし、別の部分にピントを合わせた写真のほうが有意義なものになったかもしれません。二次情報に頼っている限りはこれらのことは避けようがなく、だからこそ、生の情報を取るためのフィールド調査は重要で、力を発揮するのです。これまでも何度か取り上げてきた、年間売上が5千億ドル（約52兆円）を超える世界最大の小売チェーン・ウォルマートの創業者、サム・ウォルトンは、亡くなる直前まで、自社の店舗はもちろん、他社の人気店舗を訪問して自分の目で新しい取り組みを吸収し、自社の経営に反映することを大切にしていました。自分のアンテナを大切に一次情報に向き合い続けることは、一流であるために必要なことだと痛感します。

私自身、外資系コンサルティングファーム所属時に先輩から「**足で考える**」ことの大切さを教えられました。単純な知識であれば、業界のプロフェッショナルであるクライアントや、ファームの重鎮であるパートナーの人たちに敵うはずはなく、若手のコンサルタントが「頭で考える」ことで付加価値を出すのはとても難しい。しかし、様々なところに足を運び、そこで得た生情報をチームに還元することで貢献することはできる。そんな趣旨で、「足で考える」という言葉と共に、コンサルティングファームでの若手の活躍の仕方・動き方を教えてもらいました。プロジェクト内でこのフィールドワーク的な動き方を徹底して（ときには休日でも勝手に）実践したところ、結果として入社3年目には社内で活躍した社員に送られるアワードを受賞することができました。その名も〝Agility Award（俊敏賞）〟、足で考えることを続けることで、価値を生み出し続けられたのだと思います。なので、このフィールド調査には個人的な思い入れもあります。

フィールド調査を主たる研究手法として採用する人類学の領域で活躍する秋田大学大学院国際資源学研究科の田所聖志准教授は、〝「プロのよそ者」になるための独学3ステップス〟と題して、フィールド調査における実践のコツを記しています[※7]。簡単にまとめると、

準備体操：まず、関心を明確にすること
その1：フィールド調査後の仕上がりのイメージをもつこと
その2：勉強したことを忘れて外に出ること
その3：「発見」を人に話すこと

自分自身が調査に求める目的や関心事をクリアにした上で、足を運ぶべきフィールドを定め、よそ者としてフィールドで見たもの・聴いたものに最大の興味を示し、持ち帰り、発見を他者に話すこと。

事例を見るときに大切にすること

最後に、事例を見るときに大切な視点をお伝えしておきます。
初期のウォルマートで店長を務めたチャーリー・ケイトは、創業者であるサム・ウォルトンの事例観察の視点について、次のような言葉を残しています。

══ ほかの店に行って、競争相手を視察しろ、とサムは何度もいったものだ。『あらゆる競 ══

争相手を研究しろ。欠点は探すな。長所を探せ』一つでも何かを得たら、視察対象店に入る前よりそれだけ進歩したのだ。私たちは他人の間違いには興味はない。正しいことに興味があるのだ。そして、誰でも一つは良いことをしているものだ。

サム・ウォルトン著『私のウォルマート商法』（講談社）

個別の事例を見ると、「この事例は私・私たちがいる環境や時代背景とは異なる」「あくまで事例、一般性がない」など、気になる部分がたくさん出てくるはずです。それもそのはず、事例なんですから。

それでも事例観察には意味があります。意味を生み出すのはあなたです。その事例から何を学ぶことができるのか、自分自身の目的達成のために活用できる示唆はないか、探しましょう。事例自体が語って教えてくれることはないのです。あなたが、あなた自身が、その事例から学びましょう。受動的に教えや示唆を待っている周りの人たちを置き去りにして、あなたは、あなた自身として、能動的に学びましょう。

参考：事例観察がうまくなるためのおすすめ書籍

最後に簡単に書籍の紹介をさせていただきます。これらを読みつつ、ご自身のフィールドを目一杯観察し、楽しんでいただけたらと思います。

❶松波晴人 著『ビジネスマンのための「行動観察」入門』（講談社）
❷菅俊一 著『観察の練習』（NUMABOOKS）
❸松村圭一郎、中川理、石井美保 編『文化人類学の思考法』（世界思想社）
❹ヨシタケシンスケ、伊藤亜紗 著『みえるとか みえないとか』（アリス館）

集団観察

「原理・原則」と「外れ値」を見つける

集めた個別事例を統合・分析する

あらゆる集団は、個別の要素が寄り集まった、あるいは特定の意図のもとで寄り集めたものです。そんな集団を観察することはつまり、個別の事例を積み上げて統合したときに見える共通性や集団内・他集団との差分を見ることにあります。

わたしは、この集団観察を分析と同じ意味として捉えています。分析とはその言葉の通り「分ける」ことであり、単一で不可分のものは分析の対象になりません。集団の中に境界線を引いて差を見てみたり、集団内の各要素についてその特性ごとの共通性を見出したり、集団を観察する、というのは分析をすることと同義です。

集団観察・分析という言葉を考えるときに、忘れられない外資系コンサルティングファーム所属こんな図が出てきたらどう対応しますか？

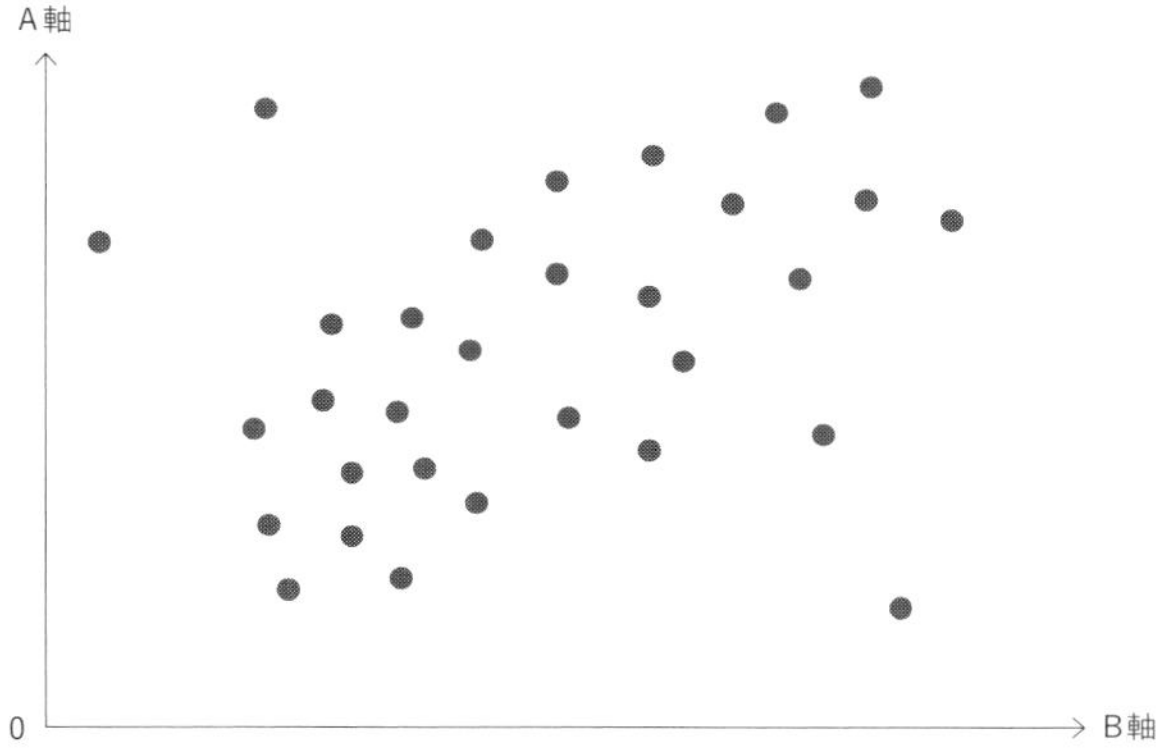

著者作成

時代の研修の一コマがあります。確か新卒入社直後に受けた定量分析の講座だったと記憶しているのですが、研修を担当する先輩コンサルタントが、研修室のスクリーンに図のようなスライドを投影した上で、参加者に聞きました。「とあるデータがみなさんに渡されて分析したところ、こんな形にプロットできたとする。君たちは何をする？」

（ぜひここで一度書籍を置いて、あるいは画面をオフにして、考えてみてください。みなさんならどのように対応しますか？）

ひとしきり考える間があった後、講師の方がいったのは次のようなことです。

「不出来なコンサルタントは点が集中している領域に傾向線を引いてこのままクライアントに提示するが、私たちは集団から外れたと

外れ値こそ深掘りする

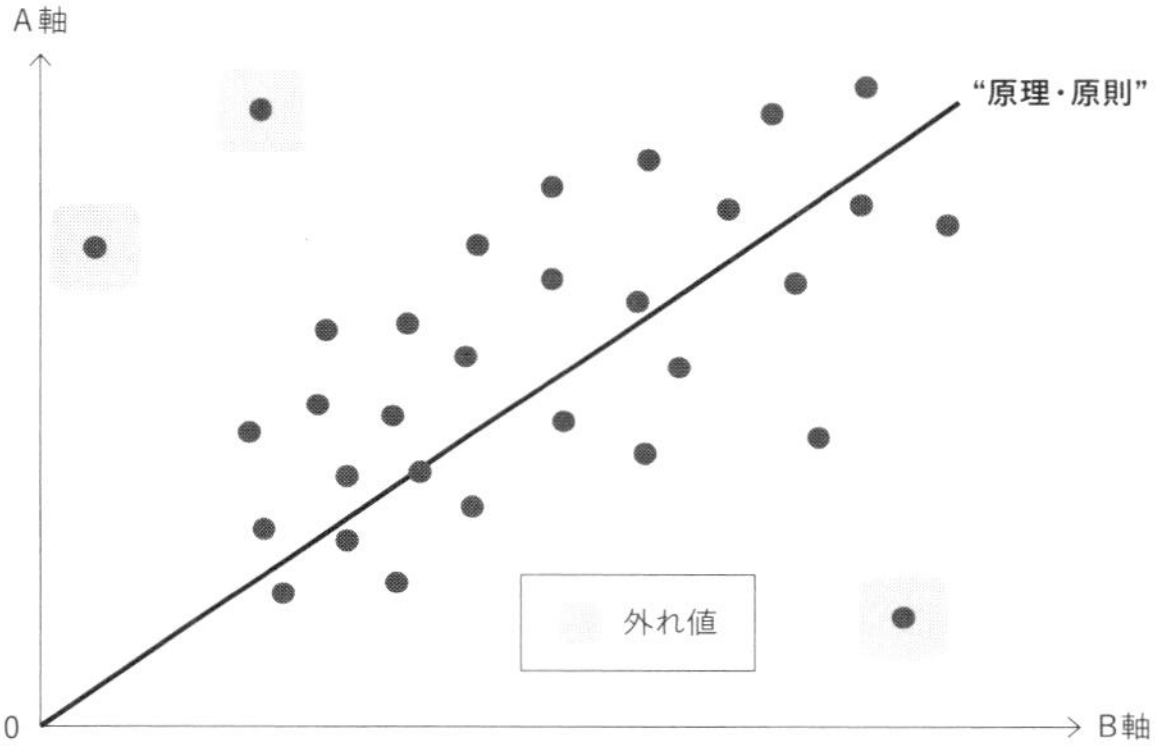

著者作成

ころにプロットされているデータ要素を対象に、なぜそうなっているのかを深掘りしてその示唆をクライアントに示す」

大学院で統計分析だ、解析だとやっていた自分にはとても新鮮な驚きがあったのを記憶しています。

このお話がすごく示唆的なのは、分析の目的を「原理・原則」と「掘り起こすべき例外」の発見に置いていることです。コンサルティングファームの仕事は、依頼主・クライアントの行動について示唆を与えることです。この示唆の源泉がどこにあるのかと考えると、外部環境とその依頼主の間にある原理・原則を基準にしたときのギャップではないか、と私は考えています。

ここで改めて、コンサルティングワークに

おけるプロジェクトの流れを見てみましょう。市場や外部企業に関する個別事例を集めつつ、クライアント企業内の取り組みの様々な事例を集め、帰納的に業界／領域の原理・原則とクライアント企業内の原理・原則を浮き彫りにして、必要に応じて経営戦略・事業運営の確立された理論とも照合しつつ、果たしてその企業にどんな外れ値、逆説があるのかを見ていくのが初めの一歩です。『ビジネスモデル図解シリーズ』の作者としても知られる近藤哲朗さんは、優れたビジネスモデルには逆説の構造がある、と言います[※8]。

逆説の構造とは、起点、定説、逆説の3つの要素からなる構造です。『俺のフレンチ』の例でいうと、一流シェフという起点があったときに、「ゆったり座って、長い時間かけて食べる」というのが定説です。そこに「立って食べる手頃な料理」という逆説によって回転率を上げてビジネスを成立させようとしたものです。定説と逆説が対立的であればあるほど、インパクトが強くなります。

ここでいう起点はクライアントの事業、定説とは原理・原則のことで、そこに様々な事例を踏まえて、どのような逆説を見出すか、それが分析者の腕の見せ所です。既にクライアントの取り組みに逆説が見えるときとそうではないとき、更にその逆説が良い意味を持つときとそうではないとき

で、様々な分析上の問いが出てきます。

原理・原則とクライアントの取り組み・状態に差分がある状態

（クライアント自身が外れ値である場合）

●原理・原則と目の前のクライアントの取り組みの差分から〝原因〟を探る

・「本来〜であるはずなのに、この会社では〜になっていないのは何でだろう」

・「本来タブーとされる〜を行っているこの会社が成功しているのはなぜだろう」

・「この会社の〜は素晴らしい取り組みに見えるのに、業界の標準的な活動になっていないのは何でだろう？」

●原理・原則・目の前のクライアントの取り組みについて未来シミュレーションをしてみる

・「原理原則である〜をこの会社で行ったとしたらどうなるだろう」

・「この会社の取り組みが業界のスタンダードになったとしたら何が起きるだろう」

原理・原則とクライアントの取り組み・状態が一致している状態

（クライアント自身は外れ値ではなく、別の企業が外れ値となっている場合）

●原理・原則そのものの価値・意味合いを明確にする

・「この原理・原則に従うことはこの会社にとってどんな意味合いをもつのか」
・「この原理・原則から外れている企業はいかなる企業で、どんな成果を挙げているのか」
●原理原則が変化していく可能性とその方向性をシミュレートする
・「この原理・原則を生み出している背景や構造はどのようなものか」
・「この原理・原則が5年後に激変するとしたらそれはどのようなもので、クライアントにどのような影響をもたらすか」

近年、低価格の機能性ウェアという機能性ウェア市場を開拓した株式会社ワークマンの土屋哲雄専務は、「異常値を探す」という言葉で、この外れ値を起点にした思考の重要性を著書の中でお話されています。

既存製品の成長カーブが止まり、新製品を開発することになったとする。新製品やビジネスモデルのヒントを得るときに有効なのが、異常値を検知することだ。異常といっても事故ではない。社内にとっての非常識を非常識として片づけず、現場で何が起きているのかを調査してみるのだ。通常のデータとはかけ離れたものを見つけたら、じっくり観察してみる。例えば製品開発なら、通常は絶対来ないお客様がいないか、通常とは全く異なる使い方をしていないかを探す。

地域別の戦略を立てるなら、まったく売れない地域や反対によく売れている地域はないかを調査する。一般的に異常値は排除しがちだが、ここにブルーオーシャン市場拡張のヒントがある。

土屋哲雄 著『ワークマン式「しない経営」』(ダイヤモンド社)

本書を読み解くと、土屋さんは様々な事象を観察し、そこから着想したアイデアを目に見える図に起こし、他の人と議論を重ねて大きな意思決定につなげていっていることがわかります。データや事例を見て、いかに成功へと結びつけていくのかが見える素晴らしい本なので、ぜひ手に取ってみてください。

まずいくつかの軸で事例を整理してみたときに浮かび上がってくる原理・原則と外れ値、その関係性から生まれた問いを見つけることが集団観察の第一歩です。「共通要素は?」「基本ルールは?」「異常値は?」そんな視点で全体を眺めてみてください。

数字にして測定できるようにする

原理・原則と外れ値を明らかにして、そこからさらに深めたい問いが生まれてきたら、いよいよ数字を使った分析の出番です。この問いがない状態で数字による分析を始めても、何も得られるものはないでしょう[※9]。問いが明確になった今こそ、いよいよ定量分析に乗り出すタイミングです。ここではアンケート調査とソーシャルリスニングの2つを扱います（この他にもログデータの分析や外部データ購入などの方法もありますが、本書では紙面制約もあり、取り扱いません）。

安価になったアンケート調査

アンケート調査は、特に消費者向けのサービス検討や生活者価値観のチェック等、対象者の嗜好や行動様式を把握するために用いられる定量調査手法です。企業の中でマーケティングや営業に近いお仕事をされている方であれば、扱った経験を持つ方が多いのではないでしょうか。一昔前までは、一定の回答数を集めるためには大量の電話架電や調査票郵送が必要となり、その集計や分析にも人手や分析機器が必要とされていたために、相当のコストが掛かる手法でしたが、現在では相当安価かつ簡単に調査ができるようになりました。

個人的に、アンケート調査は、実行されている数やかけている時間・費用の割に、成果に結びついているケースが少ない調査であるように見えることが多いです。それは、設計が不十分なままにとりあえずリリース、データを集め始めてしまうことにより、結局分析してみたもののよくわからないアウトプットしか出ない、ということなのではと思っています。

アンケート調査を考える上で、

●誰に何名程度、
●どんなことを聞くのか

をそれぞれ考える必要があります。前者については、スクリーニング調査でまず「答えて欲しい人との合致度」を判定した上で本調査に回答してもらう人を絞り込むこと、その上で統計的に意味のある人数から回答が得られる程度のサンプル数を選ぶこと、後者については求めるアウトプットにつながるように、設問・選択肢など全体としての「回答のしやすさ」と「設問としての有効性」を両立させるように設計することが重要です。

真剣にアンケート設計のコツを書き始めてしまうとそれだけで一冊になってしまうのですが、ここでは「見過ごされがちだが重要な」いくつかのコツに絞ってお伝えしようと思います。

最終的につくりたい図表・グラフを、アンケート設問を考えるより〝前〟につくり切る

アンケートは、設問を設定して、配信を開始して、回答が集まったところで終わるわけではありません。そのデータを分析し、示唆を生み出すことまでしてようやく完了となります。しかし実際のケースでは、アンケートデータを集め終わったあとで、「さて、どんな分析をしようか」と考えている方がたくさんいらっしゃるのではと思います。結果、アンケートデータを分析してみたはいいものの、本来確かめたかった問いに答えるに必要な設問が漏れていた、選択肢が抜けていた、ということが起きます。

アンケート調査をする際には、何よりも先に、アンケートのデータを使ってつくりたい図表・グラフのイメージを手書きで作成することが絶対です。縦軸と横軸には何が来るのか、どんな形式（棒、積み上げ棒、折れ線、表など）で表現するのか、それによってどんな差や同一性が表現されるのか、何がこの図表のタイトル・メッセージになるのか。データが実際に集まる前から、全てを考え抜きます。そして、その図表を実際につくるためにどんな設問と選択肢が提示されればこの図表をつくることができるのかを定義して、それをアンケートに落としていきましょう。

基本的な内容ながら、これほどアンケート調査の質を決める要素はありません。パソコンで設問文と選択肢を書き始める前に、紙とペンを持ってきて、目的に即して最終的につくりたい図表のイ

メージを書き始めましょう。全てはそこから始まります。

設問数、文字数、専門用語、含みのある言葉、選択肢はできる限り少なく

先述の最終的アウトプットイメージができあがったら、あとは、それをつくるために、どれだけ正確に回答者に答えてもらえる設問と選択肢をつくるかです。ここで注意しなくてはいけないのは、次のようなことをどう減らすかです。

- 回答者が、設問数の多さに辟易とし、途中で離脱してしまい回答数が減る
- 回答者が、設問数の多さから後半疲れ、認知力が落ち、後半の回答精度が落ちてしまう
- 回答者が、設問文の長さから設問意図を十分に理解しないまま回答を始めてしまい、一部不正確な回答が混ざってしまう
- 回答者が、設問文及び選択肢に含まれる専門用語を理解しないまま回答を始めてしまい、一部不正確な回答が混ざってしまう
- 回答者ごとに、設問文及び選択肢の解釈に揺れが生じ、得られた回答の意味合いが不正確になってしまう など

このような事態を減らすには、可能な限り、アンケートに出てくる言葉や表現をシンプルかつ明確にし、設問数を減らすことが重要です。アンケート内容を考えていると、あれも聞きたいこれも聞きたいと、内容がどんどん増大していく傾向にあります。また、無意識に自分たちしかわからない、あるいは業界などによって意味に幅がある略称や固有名詞を使ってしまう、などのケースもあります。いかに減らすか、シンプルにするか、そんな視点で何度もアンケート内容を見直しましょう。

原則、意見ではなく事実を聞く（アンケートでも、インタビューでも）

アンケート調査で、「どう思いますか？」「いくらまでなら支払いますか？」のような、相手の意見を聞く設問を多用するのは避けるべきです。意見を聞く質問は、解釈が入る余地がそもそも大きく、前項でいうところの〝含みのある質問〟に当てはまるものが多いです。他人から「弊社がやった調査では〇〇％の人が利用したい、と言ってくれているんです！」と伝えられたら「所詮アンケートの結果でしょ」と疑うリテラシーを持っている人が、いざ自分がアンケートを企画・設計するとなったら、同じような質問を組み込んでしまう。こんなことが聞けたらいいな、という思い一つで突き進んでしまった結果です。

調査では原則として、事実を聞きましょう。回数や頻度、金額について聞くのであれば過去に使った金額など、できる限りブレが少なくなる工夫をしましょう。意見を聞くとしても、できるだけ人によって解釈がブレなくなり、かつ状況を正確に回答してもらうための工夫をしましょう。価格や意向を確認するためにはどのような設問・選択肢を準備すべきか、については多くの研究や既存調査がなされているので、それを参照して内容を決めることもおすすめします。

アンケートの設問選びについては、テンプレートなども多く準備されています。それらを参照して、そこで使われている設問の内容や流れも参照しながら、ご自身のアンケート内容を作成していきましょう。

設問文の表現や言葉遣いは調査全体を通じて統一する

回答者としてアンケートに触れる時、意外と気になるのが表現や言葉遣いの統一性です。さきほどまでは設問文が丁寧語だったのに突然「～について答えよ」のような表現に変わったり、選択肢の一部は文章になっているのに他の選択肢は単語、など、専門家ではない人間が設計するとどうしても起きてしまう問題だったりします。

最低限、設問文の文末表現と、選択肢の表現については統一するようにしましょう。

リリース前に知り合い5名でテスト回答→違和感チェックをする

ここまで書いてきた様々なチェックポイントですが、１人ですべて意識して実践するのは難しいです。自分で考えてきたアンケート内容であればあるほど、それを客観視してミスを発見することのハードルは高くなっていきます。

おすすめするのは、いったんアンケート設問・選択肢が仕上がったら、身近な人５名ほどに、テスト回答してもらうことです。そこで、答えにくかった設問はどこだったか、回答に迷った箇所はあったか、あったならどこかをヒアリングします。さらに、彼らの回答を見てみて、実際に自分たちがほしいデータが得られているか（わからない、や、その他などの回答が多すぎないか、など）を確認しましょう。

頭の中で考えた完璧な設計の調査も、実際に現場に落としてみると想定通りにいかないことばかりです。数日時間をかけてでも、テストを行い、そこから得られたフィードバックを真摯に反映し、より良いアンケート調査をつくり上げましょう。

この他にも、アンケート設計のコツはたくさんあります。この書籍の中で得た情報取得のためのコツを使って、アンケート設計をするためにはどのようなことを意識すべきなのか、どうすれば質の高い定量分析ができるのか、ぜひ検索して学びを深めてください。

定量アンケートとなると、大手企業は外部の調査会社に発注するのが一般的ですが、個人や中小企業、研究チームなどになると、無料のツールを使うことが多いのではないでしょうか。ここで、いくつか無料の調査ツールを紹介しておきます。

Googleフォーム

Google社が提供しているアンケート作成・公開ツールです。Googleのアカウントを持っていれば誰でも無料で作成ができ、作成~回答~集計・分析まで様々なアシスト機能がついている点も便利です。

20種類近いアンケートテンプレートが使えること、設問タイプが豊富に用意されていること、データをGoogle spreadsheetに自動連携できること、Ｗｅｂサイトやブログなどへの埋め込みにも積極的に対応していること、等から、人気の高いアンケートツールとなっています。〝Google form template for survey〟等と検索すると、調査や情報収集に活用できるテンプレートも相当数見つかります。

サーベイモンキー（SurveyMonkey）

米国・ＳＶＭＫ社が提供しているアンケート作成・公開ツールで、同社は法人・個人向けに有料でオンライン調査ツールを提供することで事業を展開しています。サーベイモンキーでは、設問数10件まで、確認できるデータも40件までと制約はあるものの、無料でもツール利用が可能です。日本語にも対応しているので安心してください。

Googleフォームと比べても優れているのが、調査ツール専門企業ならではのテンプレートと設問項目の多様さです。市場調査、顧客調査、従業員調査などの項目に合わせて、典型的に用いられる各種調査テンプレートが揃っており、かつその中で用いられている多様な設問項目をそのまま利用することができます。有料会員になればテキストの感情分析にも対応しているため、リサーチや調査を頻繁に行われる方であれば思い切って月額会員になるのもいいかもしれません。

クエスタント（Questant）

日本の大手調査会社・マクロミルが提供しているセルフアンケート作成・公開ツールです。サーベイモンキーと同様、無料プランと有料プランが準備されており、無料版だと設問数上限が10、回答閲覧数が１００に制限されています。回答データはダウンロードできないことに注意してください（この点はサーベイモンキーも同様です）。とはいえ、多様なテンプレートやリアルタイムでのグラフ表示機能など、便利な機能が多く搭載されています。サーベイモンキーと比べると20％ほど安い（２０２１年1月現在）ですし、ヘルプページやサポートも全て日本語なので、こちらを利用するのも良いでしょう。

ここまでは、一般生活者や自社従業員を対象にしたアンケートツール・サービスを取り扱ってきましたが、近年では業界・領域ごとの専門家向けに向けたアンケート実施を支援するサービスも登場しています。個別のインタビューでは検証しきれない「業界・領域全体としてどう考えているか」という問いにアプローチできるサービスとして注目されています。これらの利用は有料ですが、深い情報・示唆を得ることができるサービスです。

ビザスク エキスパート・サーベイ（Expert Survey）

500業界、13万名以上の登録があるプロフェッショナル基盤を活かして、定性的な一次情報の収集のためのアンケート調査を行うことができます。所属業界や企業だけではなく、特定の業務経験の保有有無などを通じた対象者の絞り込みができる点に特徴があります。新技術や新サービスのニーズ調査から特定の業界における動向調査まで様々な用途で活用されており、パナソニック社やTIS社が活用事例として紹介されています。

スピーダ フラッシュオピニオン（FLASH Opinion）

ソーシャル経済メディア「NewsPicks」及び企業・産業分析を行う人向けの情報プラットフォーム「ＳＰＥＥＤＡ」などを提供している株式会社ユーザベースの子会社であるミーミル社が提供するサービス。24時間以内に5人以上の専門家からテキスト回答を得ることができ、興味深い回答をした専門家にはそのままインタビューを行うなど、そのスピードを売りにしています。現在、ＳＰＥＥＤＡを利用しているユーザーのみが利用できる機能となっていますが、より多くの人が利用できるサービスになると良いな、と感じています。

ここまで、定量アンケート調査に関するコツやツールの紹介をしてきました。アンケート調査の設計や実施は、若手コンサルタントがほぼ必ずといっていいほど経験する「壁」の一つです。どんなアウトプットをつくるのか、その上でどんな設問項目や選択肢が必要なのか、それらを組み合わせた調査は回答者にとって答えやすいものか、出てきたデータは中立的でバイアスがかかっていないか、など、注意すべきポイントがたくさんあり、最初から完璧なアンケートをつくり上げられる人はほとんどいないといっていいでしょう。何度も上司や同僚にフィードバックをもらって、なんとかリリースできるものを完成させることができます。この経験を繰り返すことで、少しずつ、アンケート設計がうまくなります。

ぜひみなさんも、自分の手を動かしてアンケートをつくってみて、いろんなデータを集めてみましょう。調査会社や他人に丸投げでは、つまらないですから。

ソーシャルリスニング

数値化の方法は、何もアンケート調査などのように、新しく数値を生み出す・つくり出すものだけではなく、ＳＮＳ等の公知かつ既存のデータを数字の観点から捉え直す、という考え方もあります。ここではその一手法をお伝えします。第３章でご紹介した「ソーシャルハンティング」は、獲物を狙うがごとく、ＳＮＳ上での個別の発信を追うものでしたが、より全体的俯瞰的にデータを捉えるのが、この「ソーシャルリスニング」です。

これはTwitterなどのＳＮＳや各種Ｗｅｂサービスにおける投稿量や話題になった投稿の拡散量、投稿に対する肯定的反応・否定的反応の比率、クラスターや時間帯ごとの関心の高いトピックスなどを定量・定性の面で分析するもので、商品企画やマーケティングの分野で使われることの多い手法です。消費者の購買行動や各種行動意思決定に、ＳＮＳやその他口コミが及ぼす影響は大きいとされている現代にあっては、顧客対応から新サービス開発まで、今後ますます活用シーンが広がる定量化手法でしょう。

先述の定量アンケートで生み出されるデータは調査主体からの問いかけをすることによって初め

て生み出されるものですが、ソーシャルリスニングが対象にするのは既にこの世界にあるデータであり、その内容に恣意性は働きません。その点で、より中立的なデータということができるでしょう。

このソーシャルリスニング向けに、専門ツールがいくつも登場しています。Twitterや2ちゃんねるなど幅広い情報ソースにアクセスできるBoom Research、Salesforceのサービス内に組み込まれているSocial Studio、GoogleマップなどGoogleマイビジネス上のデータに特化したHoshitorn（ホシトルン）など、対象とするデータソースや活用先によって様々です。自らが求めるデータの所在や、そのデータを分析してどのような活動に活かしていきたいのかによってフィットするツールは異なるでしょう。

ここでは、みなさんが今すぐ無料で活用できるソーシャルリスニングツールを2つご紹介できればと思います。

Googleトレンド

Google社自身が提供する、特定のキーワードやトピックがGoogleでどの程度検索されているかを確認することができるツールで、２００６年から提供されています。基本的な使い方は「特定のキーワードの検索量がどう推移しているか」を確認するだけなのですが、地域ごとに検索量に差があるか、どんな言葉と一緒に検索されているか、関連トピックやキーワードとしてどのようなものがあるかなども確認することができます。

Google社は毎年一年間の検索動向に関するレポート「Year in Search」を発表しており[※10]、一年間社会全体としての興味・関心がどのように動いていったのかがわかる貴重なレポートです。情報収集に関心があるみなさんにとっては必読の内容といっていいでしょう。

Yahoo!リアルタイム検索

検索大手のYahoo! Japan内で提供されるサービスで、Twitterに投稿されたツイートを対象にしてソーシャルリスニングを行うことができます。検索したキーワードがどのくらいツイートされているのかをグラフ表示した上で、特定の時間・日にち単位で絞り込んで表示することも可能です。また、それらのツイートを踏まえて現在どの程度ポジティブ・ネガティブな反応があるのかについても確認することができます。

このソーシャルリスニングを行うにしても、前項のアンケート調査と同様、どのような分析アウトプットを出すために実施するのかを先に定義しておくことが重要です。「こんな分析も、あんな分析もできます」というツールを導入して、最初は面白半分に触ってみたはいいものの、結局何に活かせるかがわからずにそのまま放置、という事例を行政機関や企業で数多く見てきました。ソーシャルリスニング系のツールについても同様の傾向があるのではないかと私は考えています。

どんなツールを使うとしても、まずは目的の設定とつくりたいものの定義から手段と目的を混同しないようにしましょう。

本章のおわりに：

信念を持って情報と向き合う

情報は決して中立的なものではありません。誰のどの世界から何を基準に情報として抽出し、それをどんな基準で加工し、表示するのか。あらゆるポイントに、それを行う人の示唆が含まれることになります。

２０１０年、著名な経済学者であったカーメン・ラインハートさんとケネス・ロゴフさんは『Growth in a Time of Debt』と題する論文を発表しました。この論文は「政府債務の対国内総生産（ＧＤＰ）比率が90％を超えると、その国の経済成長が減速する可能性が高い」ということを示唆しており、政府債務を削減する必要性を示す根拠として、当時再選を目指していたバラク・オバマ米大統領のチームは２０１２年の選挙戦でこの論文を参照し、米国議会も一部の政策決定の論拠にこの論文を引用しています[※10]。

しかし、２０１３年、とある大学院生がこの論文で示された結論を公開データを用いて再現しようとしたところ、結果が一致せず、両教授に依頼して論文作成に用いた作業用スプレッドシートを共有してもらったところ、基本的な計算ミスがあることに気づきました。本来20カ国を対象として計算すべき平均経済成長率について、カナダやオーストラリアなど5カ国が除かれた状態で主要な計算がなされていたのです。権威ある学者の論文に単純な計算ミスが含まれていたことに世間は驚き、多くのメディアがこれを報じました。

この事件は、International Business Timesが選ぶ、２０１３年の科学スキャンダル７選（7 Scientific Scandals Of 2013）にも選ばれています。同年の他のスキャンダルを見ると、遺伝子組み換え作物の危険性を煽るために腫瘍発生との確率を不正に高く示そうとした事例や、エイズワクチン開発が有効に進んでいると見せかけるためにウサギの血液に人間の抗体を混入していた事例などが報告されています。これらを並べられるのですから、相当のインパクトがあったことがわかります。

多くの人が、情報の正確性を判断するときに、その発信者や出典元、さらには事例レベルなのか実験レベルなのか、情報のタイプをまず参照することでしょう。そして、統計に少しでも知見がある方であれば、その情報がどのように取り出されてきたか（情報サンプル数は十分に大きいか、どのような分布か、どのように抽出してきたか、等）をケアしながら、その情報を読み解くことになるでしょう。

しかし、どれだけケアしても、結局その情報がどの程度確からしいのか、完全に検証しきることは至難の業です。自分自身が主体的に実施した実験であればまだしも、外部の事例調査や、消費者アンケートの結果に、厳密な意味での正しい示唆、を求めることは、その情報が生み出されたプロセスを考えても、ほぼ不可能、と考えても良いと思います(過去プロジェクトで知り合ったとあるマーケターの方は、「消費者アンケートであれば、設問と選択肢の選び方次第で、まったく真逆の結論を導くことができる。その自信がある」とおっしゃっていました)。

この本を読んでいらっしゃるみなさんは、情報の確かさのみを追求する立場にいる方は少ないのではないでしょうか。確からしい情報をよりどころにして、そこからどんな風にして踏み出していくのか、動いていくのか。もしそれがみなさんが求めている情報との向き合い方なのであれば、ある種の信念が必要です。

多くの情報収集、リサーチの本でいわれることですが、インテリジェンスを生み出すための情報収集において、最も重要なのは目的です。しかし、どこで情報収集・探索を止めるのかを決めることが2番目に重要なことだと、教えてくれる人はそれほどいません。情報が確からしい、ということを判断して、一歩踏み出すために、どの程度の確からしさを求めるのか、個人での情報収集であれば自分自身に対して、チームでの情報収集であればチームの中で、どのような信念体系で意思決定に臨むのか、ぜひ話し合ってみましょう。

何卒、「網羅的にメリット、デメリットを整理してから」とはなりませんよう。時間とお金は有限で、かつそれこそが最も貴重なもののはずですから。

われわれは、合理的な意思決定とはすべての選択肢を徹底的に調べ上げて入念に比較したうえで最良の選択肢を選ぶことだと信じ込んでいる。しかし実際には、時計（または心臓）が音を立てて動いているとき、意思決定（あるいは思考全般）のさまざまな側面のなかで、やめるタイミングほど重要なものはほとんどない。

ブライアン・クリスチャン、トム・グリフィス 著、田沢恭子 訳
『アルゴリズム思考術 問題解決の最強ツール』（早川書房）

……私たちはみな、情報をありがたがり、秩序や緻密さ、正しい結果の表れと見なしている。考えてみれば、小学校で算数をやったときに学んだのは、メモ用紙に荒っぽく計算したものはすべて捨て、きれいな紙に正解をきちんと記すのがいいということだ。私たちは情報を手に入れることではなく捨てることを学んだのだ。それなのに、私たちは、情報

化社会で大切なのは情報だと信じるような世界に暮らしている。

トール・ノーレットランダーシュ 著、柴田裕之 訳
『ユーザーイリュージョン 意識という幻想』(紀伊國屋書店)

第 5 章

インテリジェンス創出後半：
データから思考を生み出す

Chapter 5

Make it happen

「いろいろ調べたがわからない」という状態を脱する

第3章、第4章では、どのように個々のデータやインフォメーションを集めるか、具体の方法論をお伝えしてきました。イメージとしては、情報活用における手や足の使い方でした。この章では、その方法たちを使ってつくり上げた知識基盤と集めた情報から、いかにインテリジェンス、示唆を生んでいくかという意味で、頭の方法論をお伝えしようと思います。

「情報収集が上手くいかなくて困っている」という方に、ここまでお伝えしてきた手足の方法論のみを企業内セミナーなどで何度かお伝えしてきたのですが、結果は、情報収集・活用力がぐっと上がる方と、それほど変化がない方がどちらもいらっしゃいました。そもそもコツを実行に移していない方に変化が起きないのはしょうがないとして、いろいろ実践はしているもののなかなか情報活用が進まない、という方もいらっしゃり、どうしたものかと頭を悩ませてきました。

その方々にお話を聞くと、「情報をいろいろ集めたはいいがどうやって日常生活や仕事に活かしたら良いのかわからない」「自分なりに情報を集めてチームや上司に伝えるものの意思決定や行動につながらない」と、情報の行き場に困っている、行動と結びつかないというお困りごとが耳に入ってきました。様々なデータやインフォメーションが積み上がっていくものの、インテリジェンスや行動、意思決定につながらない。悲しいことに、情報が〝上滑り〟しているのです。

このようなシーンに直面すると、情報収集・活用力は、それを上手く取り扱うための思考力あってのものだということを痛感します。イギリスの物理学者・ニュートンが、リンゴの実が落ちるのを見て万有引力の法則を発見したという有名な逸話がありますが、「リンゴは木から落ちる」という情報を知っている人、あるいはそれを目の前で見たことがある人は、当時も無数にいたことでしょう。しかしそれを万有引力の発見という示唆につなげることができたのは、ニュートンだけでした(そもそもこの逸話自体の信憑性が不透明ではあるのですが)。

目の前の情報を、より豊かに、深く理解し活用するために、私たちには何ができるでしょうか。私がこれまでお会いしてきた優秀なコンサルタントやクリエイター、思想家などの方々の情報との向き合い方をみてみると、その方々は次の2つの思考法をそれぞれ駆使しています。

❶ 目の前の情報を、分離・結合したり、観察する視点を動かすことで、他の人よりも広く深い意味合いをその情報から生み出す

❷ 情報の背景・根底にある前提を動かしてその変化を観察することで、まったく別の意味合い

をその情報から生み出す

本書では前者を編集思考、後者をＳＦ思考と呼び、それぞれどんな内容なのか、いかに身につけていくかをこの章ではお伝えしていきます。

編集思考
観察する視点を動かす

編集、とは何をすることなのか

リクルート出身で2003年にはじめての民間出身の公立小学校校長に就任し、今は教育改革実践家として活動されている藤原和博さんは、これからの時代に必要とされる情報との向き合い方について、編集という言葉を使ってお話をされています[※1]。

単に情報を処理するだけの力ではない。正解が一つではない問題で仮説を立て、知識や技術、経験などを組み合わせて、他者も納得させ得る「納得解」を導き出す力、それが情報編集力だ。

「経営者はもちろん、すべてのリーダーやマネージャーに必要な力です。経営者自身が納得し、さらに従業員や顧客、スポンサーなど関係者全員が納得する答えでなければ、イノベーションを生むためのエネルギーは渦を巻きません」

「情報編集力を鍛え 会社に付加価値を」生成発展（https://change.asahi.com/articles/0030/）

ここでいう情報編集力とは、様々な情報を有機的に組み合わせて、さらに複数の関係者の視点から眺めてみたときに、それぞれが「妥当な解」であると一定納得できるものを生み出すことだと考えられます。この能力をさらに2つに分けると、「情報組み合わせ力（物事を組み合わせたときに何が起きるかを想像し、実行し、新しい情報を生み出す力）」と「情報解釈力（自分の立場や役割を超えて他の人やモノに憑依し、その立場から情報を解釈する力）」ということができるでしょう。

この情報編集が自然に行われている場面として、料理を考えてみましょう。例えば料理という観点で、タマネギという材料を使って、夕食に何をつくるかを考えている場面を想像してみます。タマネギ単体で見ているとそのままかじるかどうか程度の意思決定しかできませんが、お肉やにんじんなどの素材、包丁や圧力鍋などの調理器具等と掛け合わせてみると違った料理法が見えてきますし、サランラップやタッパーなどと掛け合わせてみると、別に今日食べなくても良い、という意思決定も見えてくるかもしれません（情報組み合わせ力）。また、自分だけではなく、一緒に食卓を囲む家族や、もしかしたらつくったモノをお裾分けするお隣さんの好みなども反映してみてもいいかもしれません（情報解釈力）。料理を続ければ続けるほど組み合わせの幅も広がり、複数人の納得解を生み出す精度は高まっていくでしょう[※2]。

このように、料理という現場では素材を前にしたときに自然に編集ができる私たちですが、情報を目の前にすると、途端に編集ができなくなってしまい、まるでタマネギをそのままかじるしか選択肢がないような意思決定を続けてしまいます。藤原和博さんは、情報編集力を高めるための方法として、遊びと読書を挙げています[※3]。

読書などを通じて得た他の知識と組み合わせてみたり、過去に学んだ視点を持ってその物事を再解釈してみたりすること。その組み合わせや視点を動かしていくときに、社会の常識やこれまでの当たり前に縛られずに、遊び心を持って思い切りよく動かしてみること。この実践で、これまで声を上げなかった情報が途端にイキイキして見える、ということはありそうです。

編集力を高める道具類

この読書と遊び心の強化はぜひ継続していただきたいな、と思いつつ、強化にはどうしても時間がかかります。なので、ここではいくつかの「編集力を強制的に高めるための思考道具」をお伝えしたいと思います。

〝言葉〟の道具～二字熟語で考える編集の方向性～

「編集工学」という言葉の生みの親であり、『千夜千冊シリーズ』でも知られる編集工学者の松岡正剛さんは、人間の知に関わる活動にはもれなく編集という活動が関わっているとし、その際に使われる道具を「六十四編集技法」としてその著書『知の編集術』（講談社）や『知の編集工学』（朝日新聞社）などの中で紹介しています。

ここでは64の技法すべてを挙げることはしませんが、編集工学研究所が運営するメディアで、収集された情報から必要な一部を引き出す「02選択（sellect）」や意味の濃縮、概念化、命名、論理化する「08凝縮（condensation）」、似たものをさがす、類似化、引き寄せる「30相似（similarity）」などについて、具体的な事例と合わせてその内容が紹介されています。ぜひ「編集技法」でGoogle検索を行ったり、以上の書籍を参照しながら、どのような言葉が道具として紹介されているのか、それを自分ならどんなふうに活用できるのか、思考を広げてみてください。

〝視点移動〟の道具～俯瞰、注視、傾向、逆転の4視点～

「選択？　凝縮？　そういわれてもなかなかイメージがつかめなくて……かつ、64もあると使いこなせない」という方、わかります。なので、よりシンプルなものを持ってきました。4つの視点を行き来することでより多角的な対象理解を目指す「鳥の目・虫の目・魚の目・コウモリの目」思考です。それぞれの目が何を意味するかを考えると、

- ●鳥の目：鳥が空の上から地上を見つめるように、情報を俯瞰して捉える
- ●虫の目：小さく一歩を踏み出す虫のように、情報の細部や継ぎ目を見逃さない
- ●魚の目：水の流れの中で生きる魚のように、時間や集団の流れを追う
- ●コウモリの目：天井からぶら下がるコウモリのように、逆の視点から情報を見る

のように、一つの視点のみだとどうしても生まれてしまう思考や情報のバイアス・盲点を、それぞれの動物が持つ視点を借りながら行き来することでなくそう、というのがこの思考法の意図です。

例えば、「今期、自社のA事業は10億円の売上があった」という情報があったときに、これらの視点をそれぞれ使うと、

●鳥の目：全社売上の中で10億円が占める割合はどの程度か。市場規模全体を見たときに10億円はどの程度のシェアを意味するのか。目標数値はどの程度だったのか。
●虫の目：どのような顧客・製品から売上が上がったのか。最大顧客、最大製品は誰・どれか。
●魚の目：過去からの成長トレンドはどうか。今後の成長トレンドはどうか。
●コウモリの目：そもそも利益はどの程度出ているのか。10億円を生み出すためにどの程度の社員が関わったのか。

など、視点を動かすことで多くの新たな問いと考えが生まれます。

一人ひとりの思考の癖として、普段使い慣れている目があるはずです。計画づくりや進捗確認が大好きな人が鳥の目で物事を俯瞰しがちで詳細に目が行かない。よく知っている業界・領域に取り組む人が虫の目で細かいことをケアしてしまい大きな社会趨勢に気がつかない。みなさんの周りで、思い当たる方もいらっしゃるのではないでしょうか。

日本初の独立系コンサルティングファーム、コーポレイトディレクション（ＣＤＩ）社が発行するニューズレター「CDI News Letter」の第1号（１９８６年7月）で、同社創業者の吉越亘さんが、瀬島龍三の言葉を引きつつ、コンサルタントという仕事が示す人間的側面について説明をしています［※4］。

我々の仕事を人間的側面から示すものとして、「アリになれるか、トンボになれるか、それでも君は人間だ」（瀬島龍三）という表現は秀逸だと思っています。

前述したような極めて地道な活動（アリ）と［著者注　対面調査にでかけたり、データの分析をしたり、という活動を指しています］、ものの見方を我々第三者／顧客企業のトップ・ミドル・ライン／競争企業／市場側（消費財であれば消費者）に据える複眼的視点（トンボ）、そして、戦略全体のバランス感覚と諸々の判断（人間）が経営戦略を考えていく上での基本要件である、と氏の言葉を解釈するからです。

一つひとつの目に依りかかることなく、自分以外の動物の視点を行き来し、最後は人間らしく、柔らかいバランス感覚と鋭利な決断力を持って情報に向き合うことが、編集的視点の目指すところといえるのかもしれません。バランス良く4つの目を行き来し、独りよがりの視点を超えていきましょう。

〝動物憑依〟の道具　アニマルシンキング

前の項で、4つの動物の視点を借りて思考を動かす方法をお伝えしましたが、より多くの動物の視点を借りよう、と発展させた道具が「アニマル・シンキング」です。これは、創造性開発やイノベーションについて研究を重ねてきた2人のイスラエル人女性、サリ・バルエルとベラ・ブライヘルの2人によって開発された発想技法です（原題は「Think Like a Zebra」です）。その名前の通り、厳しい環境を生き残ってきた動物の特徴や視点を物事を考える上でのヒントとして活用することで、より豊かな情報活用、アイディア創出を目指すものです。この思考法をワークショップなどで実践するためのカードが発売されており、それを用いたワークショップを運営している企業・個人の方もいらっしゃいますが、それらのカードを買わずとも身近な動物に自分を憑依させてみることで、思考を発展させることができるはずです。

例えば、コアラの身体に憑依して、一日22時間睡眠し、2時間しか活動ができなくなったとします。「1日2時間しかない生活が1年続いたとしたら、自分はその2時間で何をするのか」という問いに答えることは、日々ダラダラと過ごしてしまう自分への戒めになるかもしれません。また猫に憑依して、家中を駆け回る姿を想像してみましょう。自分の家の中に、思わぬ隙間スペースがあることが見えてくるかもしれません。

２０１５年、広島県が猫の視点で尾道の街を紹介する「キャットストリートビュー」を公開しました。ありふれた観光名所や飲食店の紹介に留まらないこのサービスは話題を呼び、４００以上の国内外メディアに取り上げられ、２０１７年にはアジア太平洋地域最大の広告祭の一つ「ＡＤＦＥＳＴ ２０１７」のEFFECTIVE LOTUS SMALL BUDGET部門で入賞を果たしたことで、さらなる注目を集めてきました。現在では、尾道＝猫の街としての認知も広まっています。新規事業やマーケティングを考える人にとって、このアニマルシンキングは新しいアイディアに結びつきやすい思考法なのかもしれません。

〝変装〟の道具　シックスハットシンキング（6つの帽子思考法）

動物に憑依をするだけではなく、服装により思考法を変える手法として、「シックスハットシンキング（６つの帽子思考法、Six Hats Thinking）」もご紹介します。この思考法は、主に会議やブレインストーミングなど複数人でアイディアや議題を検討する際に用いる方法として利用されますが、1人で思考を広げる・深める際にも有用なフレームワークです。

名前の通り、この思考法においては６つの帽子を活用します。それぞれの帽子は違う色のもので、可能であれば実際に6色分帽子が準備できれば良いのですが、難しければ「今から黄の帽子で考える」のように口に出しても良いでしょう。

❶白の帽子：事実や数字、データに立ち戻り、中立的な立場で発想します。
❷赤の帽子：感情的視点から発想します。
❸黒の帽子：批判的、消極的にアイディアを評価し注意を促します。
❹黄の帽子：ポジティブに明るい結末を念頭に置いて発想します。
❺緑の帽子：好奇心を広げ、さまざまな選択肢をクリエイティブに発想します。
❻青の帽子：場を俯瞰し、各視点がバランスよく対話に反映されているか冷静に判断します。

心理学の分野では、何を着ているか、身につけているかによって、感情や思考に影響が出るという研究結果も一部で報告されています。（スーパーマンのTシャツを着ることで自信が増し自分の魅力がアップしたように感じた、白衣を着て試験を受けることで数学のテストの成績が向上した等）これらで伝えられる効果の一般性は脇において、パジャマで働くとなかなか気持ちが乗ってこない、勝負服を着ていると気持ち良くプレゼンができる、のような感覚はみなさんにとっても身近なものかと思います。

様々な視点をもった帽子を使いこなして、編集視点のレベルをぐっと上げましょう。

SF思考

What if「もし〜だったら」を置いてみる

「SF的にものを見る」とはどういうことか

２０１９年、シリーズ累計発行部数が２１００万部を超える中国発のSF小説『三体』が日本でも発売され、大きな話題となりました。本書はオバマ元・米大統領やフェイスブックのマーク・ザッカーバーグCEOが愛読していたことで知られており、その他にもテスラやSpaceXのCEOとして知られるイーロン・マスクも幼少期から様々なSF作品に没頭してきたことで有名です。１９６４年に、日本三大SF作家の一人ともいわれる小松左京により発表された『復活の日』は、人類と感染症との戦いを描いており、東京オリンピック開催年という共通性もあり、２０２０年に始まったコロナ禍の中で大きな話題を呼びました。

SF作品は、現実世界にも確実に影響を与えます。SFの父ともいわれるフランス人作家、ジュール・ヴェルヌは1865年に『月世界旅行（原題：De la Terre à la Lune）』を発表しました。当時は低俗、子供向けという評価を受けていたこの本ですが、読者の一人であったロシアの科学者、コンスタンチン・ツィオルコフスキーに大きな影響を与えます。彼はロケットで人類が宇宙へ行けることを数学的に証明するとともに、宇宙服や人工衛星など、今の人間の宇宙との付き合いにおいて必要となるものについて多くのアイディアを残しています。彼のアイディアを引き継いだのが、世界初の液体燃料ロケットをつくったゴダードや、ドイツ在住時に彼の理論を学び、米国亡命後の1942年に実際に大型ロケットを製作して飛ばしたフォン・ブラウン。当初は荒唐無稽ともいわれたSFのアイディアが、理論、技術、プロダクトへと発展していった、まさにその典型例といえるでしょう。

情報との向き合い方として、「SF的なものの見方」がもっと注目されて良いのではないでしょうか。SF的なものの見方とは、今の社会の前提になっているもの、基盤になっているものを、科学やテクノロジーの視点を持ち込みつつ揺さぶり、そのときに何が起きるかを精一杯の想像力を持って描いてみることを意味しています。先述の編集思考では、基本になるのは目の前にある情報の分解や組み合わせの変更、静的なものから動的なものへと動かしてみるような、視点を動かすことでした。このSF思考では、より大きく、その情報を成立させている前提を、構造を破壊して、そのときに何が起きるのかを観察します。

例えば、地球の自転がある日突然止まった世界。例えば、空になった肺を空気で満たした肺と毎日手動で交換する必要がある世界。例えば、牛が地上を支配し人間が食用として畜産される世界。例えば、20年後と20年前を自由に行き来できるドアが地上のどこかにある世界。

これらはいずれもフィクションであって、それそのものの世界観の是非や発生確率を議論すること自体に特段の意味があるとは思いません。あえて素人である私が「SF的にものを見ることとはどういうことか」を定義するならば、先述の通り、「対象としている物事が成立している前提を洗い出し、そのうちのいくつかを置き換え、揺さぶり、あり得たかもしれない現実に思いを馳せること」です。ファンタジーのように「こうなったら良いな」という願いが起点になるのではなく、あくまで前提の洗い出しとその置き換えが出発点になるのがSFです。その結果は、現状の価値観で良いものとされることも、悪いものとされることもあるでしょう。それらをフェアに、ただそういうものとして想像し、思いを馳せることがSF的思考を行う上でのルールです。

先ほど取り上げた『復活の日』のあとがきで、小松左京はこういいます。

偶然に翻弄され、破局におちいる世界の物語を描いたところで、私が人類に対して絶望していたり、未来に対してペシミスティックであると思わないでいただきたい。逆に私は、人類全体の理性に対して、――特に二十世紀後半の理性に対して、はなはだ楽観的な見解

をもっている（それはおそらく現代作家の誰にも共通のことだと思う）。さまざまな幻想をはぎとられ、断崖の端に立つ自分の真の姿を発見することができた時、人間は結局「理知的に」ふるまうことをおぼえるだろうからである。

小松左京 著『復活の日』（KADOKAWA）

日常を、前提を、構造を、思い切って剥ぎ取ってこそ、物事の本質が見えてくる。そんな体験を、このSF思考を通じて行っていきましょう。これは情報との付き合い方のレベルを上げる上でも、使えるマインドセットです。

SF思考の実践者たち

米軍やフランス軍などの軍事組織は、想定外を想定するための思考訓練の一環として、実際にSF作家を雇用して未来検討を行っていることで知られています。米・海兵戦闘研究所が2016年に行ったSFワークショップでは、米海軍・海兵隊に所属する18名がSF作家の指導の元でSF短編の創作に取り組み、その作品は〝Science Fiction Futures: Marine Corps Security Environment Forecast 2030-2045［※5］〟として一般に公開されています。またフランス軍は2019年、より直接的に、SF作家に対して未来の混乱シナリオの執筆及び策定を依頼しています。『三体』の著者である劉慈欣も、中国において企業や政府機関に対してアドバイザリー活動を行っていることで知られています。

日本でも、三菱総合研究所は「世の中の既存の前提をあえて揺らすことで未来を想像しようとする」というSF作家の思考法に注目し、筑波大学システム情報系の大澤博隆助教等と共同で研究を行っています[※6]。大澤先生は、科学技術振興機構（JST）社会技術研究開発センター（RISTEX）が発信する公募型研究開発領域「人と情報のエコシステム（HITE）」において、「想像力のアップデート：人工知能のデザインフィクション」プログラムのリーダーを務めていらっしゃいます。このプログラムの紹介文には、次のような言葉があります[※7]。

今後人工知能やエージェント技術が社会実装される過程の未来のあり方を、新たなデザインフィクションとして例示する。調査と創作の双方を通して、現在だからこそ起こりうる可能性・問題点を踏まえた未来社会の設計論を提示し、人類の新しい技術と社会の開拓に貢献したい。

実践者がSF思考を導入する上で活用している手法の一つが、「SFプロトタイピング」です。

これは、ＳＦ的思考を事業運営等に活用していることでも知られるインテルに所属するフューチャリスト（未来研究者）・Brian David Johnsonが提案した手法で、５つのＳＦ的ステップを経て未来に向けたビジョンを探究する手法です。

1：現状起きている科学技術の変化や社会トレンドを踏まえて、一つの未来像・世界像をつくり上げる
2：動かすべき変曲点を決める
3：変曲点が人類や社会に及ぼす影響を探る
4：2〜3を踏まえて個々の人間にもたらされる変曲点を見定める
5：2〜4の思考・検討から学べる内容を抽出しチーム・外部にフィードバックする

このＳＦプロトタイピングがどのように活用されているのか、事例を見てみましょう。
文化や社会、科学技術、組織と企業などの中長期的な未来考察に関する論文を扱った査読付論文誌Futuresの２０１８年第95号に掲載された、海洋資源に関する未来考察を行ったAndrew Merrieらの２０１８年の論文〝Radical ocean futures - scenario development using science fiction prototyping〟は、このＳＦプロトタイピングを未来検討のための手法として採用しています[※8]。この論文

SFプロトタイピングの例

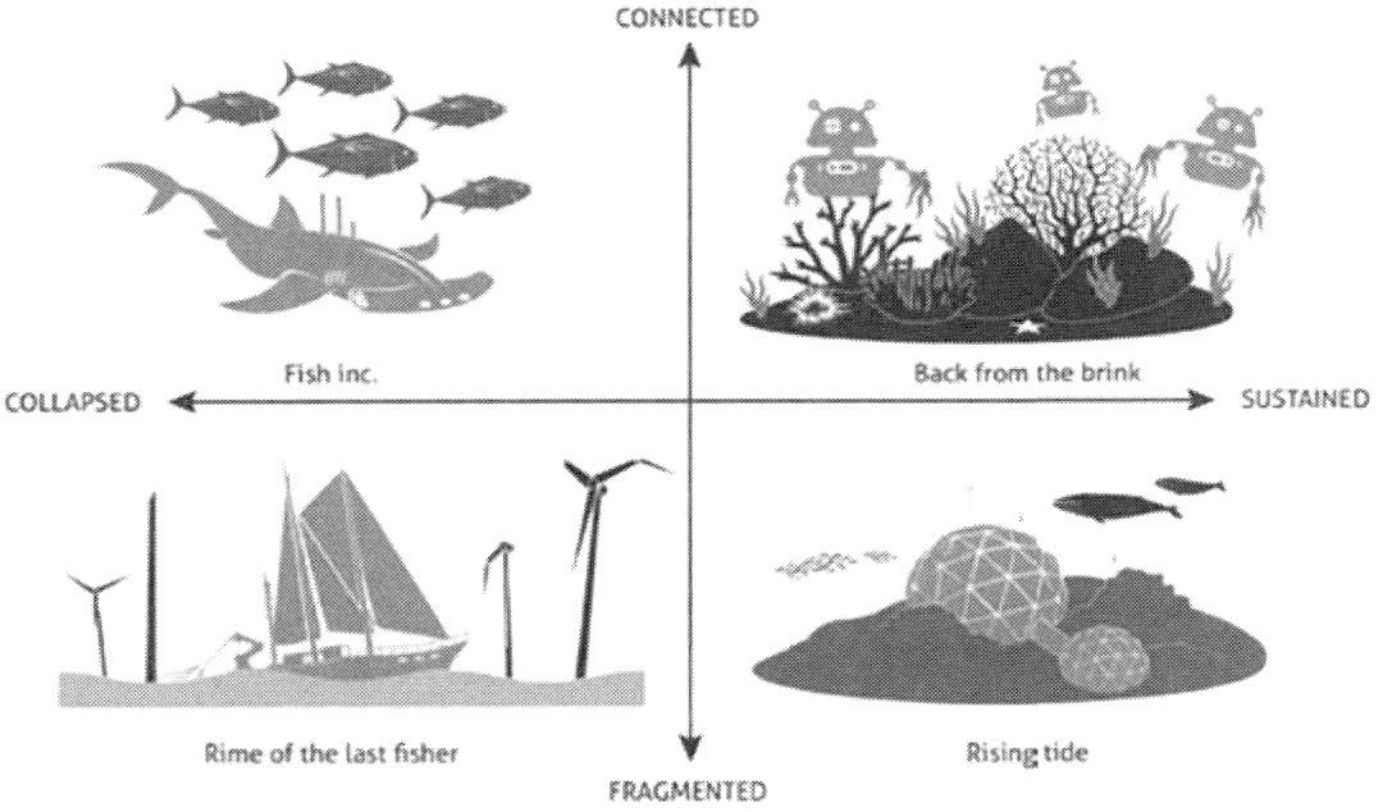

出所：Andrew Merrie et al.(2018)

は、スウェーデンで実施されているRadical Ocean Futuresプロジェクト[※9]の一つの成果物です。

彼らはBrian David Johnsonの書籍や、企業の中で活用されるシナリオ・プランニングの手法にＳＦ的な語り・ナラティブの要素を加えることの有用性を説いたMichael Burnam-Finkの論文[※10]を引きつつ、特定のイシューに絞ってその有りうる未来を考察する手法としてＳＦプロトタイピングを活用することの意義を強調します。

この手法を用いて、彼らは起こりうるＳＦ的シナリオとして４つを提示しています。横軸に生態学的な視点で「崩壊↕持続」、縦軸に社会的な観点での「断片化↕連結」を取り、４つの象限を切り分けます。そしてその象限に従って生まれる未来シナリオについて、現在視点ではなく、未来視点から過去を振り返って語るというナラティブを用います。例えば前ページ図右上のBack from the brinkについては、2070年に海洋生物学者が「21世紀を通じて、どのようにして海洋資源保護に成功してきたか」をテーマに講演をする、という形式を取ります。その中で扱われるのは、海洋生物の遺伝的タグづけやデジタルトラッキングによる資源管理最適化、マイクロロボットによるプラスチック処理や水質改善、生態保護ファンドの運営を支援する金融テクノロジー開発など。21世紀序盤〜中盤にかけて荒廃してしまった海洋環境を、科学技術がどのようにして改善していくか、取り戻していくか、ということが語りの形式で伝えられています。一つひとつのシナリオが、短いSF短編作品のようにして描かれているのです（いずれのナラティブも、読んでいてワクワクするものでした。ぜひみなさんにも読んでみていただきたいです）。

想定した4つのシナリオそれぞれについて起き得る確率を計算したり、その社会経済的な影響や金額規模を精緻に算出することを目的とはしていません。あくまで、それぞれのシナリオの基盤にある変曲点がどこにあるのか、動かされる前提はどこにあるのかを見定め、それぞれのシナリオについてインパクトをもたらす要素を描ききることが目的です。

このようなSF思考、SFプロトタイピングによる未来構想の構築を支援する組織も生まれています。その代表である米・SciFutures社は、フォード、ペプシコなどの企業から、北大西洋条約機構（NATO）などを顧客に抱えています。日本でも、未来考察メディアのWIREDがクリエイティブチーム・Partyと連携して「Sci－Fiプロトタイピング研究所」を設立しており、クライアントに対してSF的手法を活用した未来考察の支援を行っています。変化の速度が劇的に上がっている、といわれる現代において、線形ではない未来の想像のためにこのような手法に対するニーズは高まってきているように見えます。

ここまで長々と、企業や集団におけるSF思考、SFプロトタイピングの活用についてお話ししてきましたが、この思考法やメソッドは、個人として情報を取り扱う中でも有効です。その情報の中に含まれる前提は何なのかを考えてみる、その情報が誰かにとっての変曲点となり得る可能性を探る、自分が考えている未来シナリオの前提を揺るがす要素として使ってみる、利用方法は様々に考えられます。

普段職場や学校で求められるような「この事実を組み合わせると、こういうことはほぼ確実にいえる」というようなIf……Then……的な思考だけではなく、「もし……となったら、どんなことが起きるだろう」というWhat if思考を使うだけで、認識は一気に立体化します。そのための道具として、SF思考はぜひ自分の引き出しに入れておきましょう。

SF的なものの見方を鍛えるためにできること

編集思考をご紹介する項ではその最後に、編集思考を加速させるための道具をいくつかお伝えしました。ここでも同様に、SF思考を進めるための道具をいくつかご紹介したいと思います。

SF思考のきっかけは、What if（もし～だったなら）で始まる問いを投げかけることです。その問いを通じて、私たちの意識の中で「前提」「当たり前」とされているものを揺さぶり、そのときに起きた思考の変化をトレースすることを目指します。

緊張をほぐすコミュニケーションにおける様々なコツを教えてくれる海外のＷｅｂサイト、Icebreaker Ideas［※11］では、友人同士でのコミュニケーションに活用できるWhat if質問を大量に例示しています。いずれの質問も、一度はＳＦ作品のテーマになっていそうで、私たちの想像力をくすぐります。

- もし、すべての海が干上がったら何が起きる？
- もし、コンピュータが世界を支配したら何が起きる？
- もし、お金で幸せを買うことができないとしたら？ お金がなくても幸せになれる？

●もし、誰も音を聞くことができなかったら、音はまだ存在する？
●もし、プラスチックが禁止されたら何が起きる？
●もし、あなたが自分の未来を思いのままに形にできるとしたら？
●もし、誰かがあなたについての物語を書いたとしたら？　あなたは、あなたの物語の中でヒーローや悪役とみなされる？
●もし、引き寄せの法則が存在するとしたら何が起きる？
●もし、アメリカ南部が米国南北戦争に勝っていたとしたら何が起きている？
●もし、世界のどこかで1年間電気がなかったら？
●もし、私たちが悲しみなしでは幸福を持つことができないとしたら？
●もし、離島で生きた恐竜が見つかったら？　　など

以上のような質問が友人同士のアイスブレイクで用いられることの意味合いは、これらの質問への回答や反応を通じて、相手の考え方や物事への接し方が見えてくるからでしょう。なかなか普段考えないようなテーマだからこそ、その反応は純粋に本質を捉えたものである、という側面があるのかもしれません。

このような問い立てを、情報収集や思考を進める上でもぜひ持ち続けましょう。そして、「考え

論理的な思考力・観察力とは

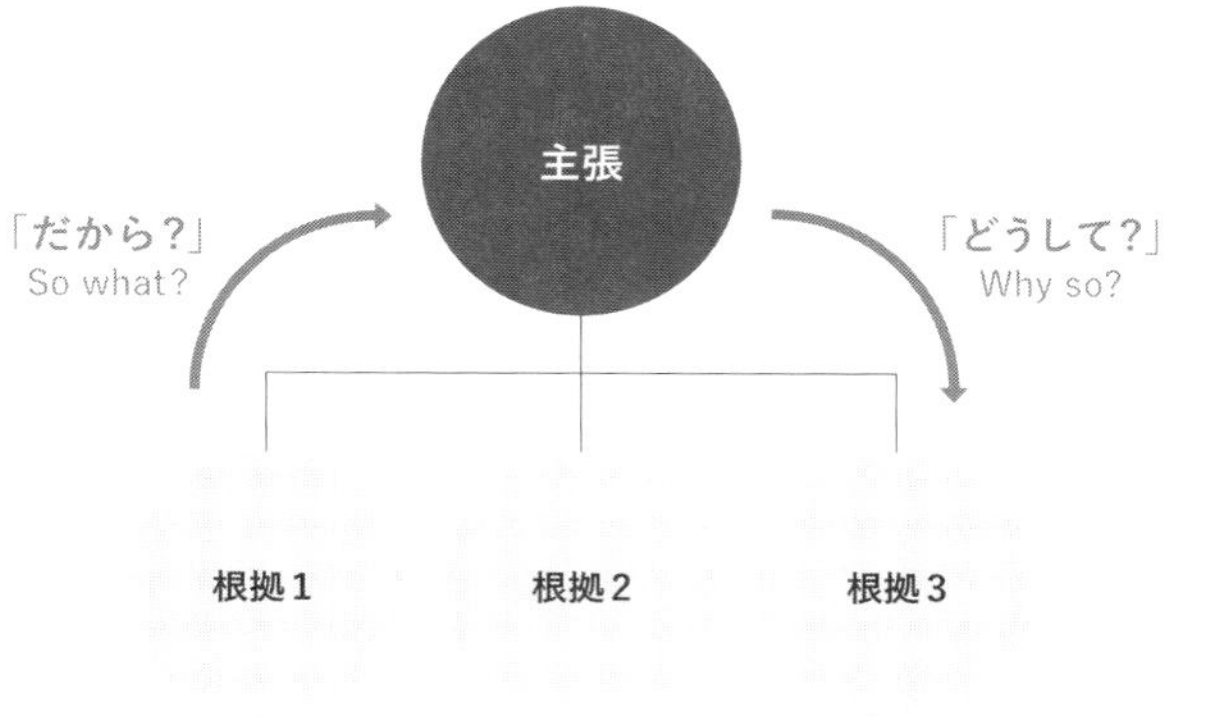

著者作成

る対象の背景にある構造を読み解く」こと、および「構造の一部／全部をずらし、動かす」ことを実践し続けましょう。これらを実践することは簡単ではありませんが、だからこそ、この方法がみなさんの情報収集・思考の道具箱の中に入っていけば、周りの人よりも一歩も二歩も前に出ることができるはずです。

構造を見極めるための図示と口癖化

　前項の質問を例に、この構造というものを考えてみましょう。「もし、あなたの過去のことを一つでも変えられたら？」という質問は、「過去のことは変えることはできない」という前提を、質問者・回答者が一定共有しているからこそ面白みを持ちます。これは、過去、というものの特徴の一つに、その不変性、事実としての絶対性をみているためです。また「もし、あなたの配偶者に海外に別のパートナーや家族がいることを知ったら?」という質問には、「配偶者にとっての配偶者は基本的に単一である」という価値観が共有されている必要があり、一夫多妻制、一妻多夫制などが主流の文化圏では、この質問はWhat if的な価値を持たないかもしれません。

What if的問いを持つためには、その文化圏における当たり前、その主張の根拠・基盤を明らかにすることが必要になります。そのためには、よくいわれる論理的な思考力・観察力が絶対的に必要です。ここでいう論理的な思考力・観察力とは、

- いくつかの事実・情報を根拠として、「そこから何がいえるのか」を導く力（So What力）
- 一つの主張や条件があったときに、「なぜ、どうしてそういえるのか」を明示する力（Why So力）

の2つから成り立ち、What if思考を行うためにはこの両方が必要です。まずは一つの事象のベースになっている根拠を洗い出し、構造として紐解いた上で、いくつかの根拠を揺るがしてみることでSo Whatの先にある事象の変化をみることが、SF思考だからです。

この論理的な思考力・観察力を磨くことは容易ではありません。それは、

❶ 一つの事象が成立するために、隠された根拠が数限りなく存在する

❷人間の認知の構造上、人の頭は論理的に考えるようにできていない

という2つの要因があるからです。

前者について、例えば「私たちが生きることを支えているものは何か?」という問いを考えるシーンを想定してみましょう。この問いを知人・友人に投げかけたとき、普通に返ってくる回答としては呼吸や鼓動、食事、睡眠などが挙がってくるでしょう。しかし、海や空気などの自然存在や、電気やプラスチックなどの生活を支える科学や技術も、生きるを支える事象としてあるはずです。このようなことをそもそもの基盤や前提として考えつくことのハードルは決して低くありません。考えようによっては、あらゆるものが「隠れた前提」となり得るのです。

後者については、近年の神経科学や行動経済学、心理学などの領域で指摘されてきたことですが、人間の意思決定や思考には多分に非論理的なところがあります。『ファスト&スロー』(早川書房)等の著書でも知られる心理学者、行動経済学者のダニエル・カーネマンは、人間は日常の意思決定において、直感的・感情的な思考を司るシステム1と、論理的・理知的な思考を司るシステム2の2つを駆使しており、基本的に怠け者である人間の脳は、多くのシーンにおいてシステム1に依存しているといいます。これは人間のある種の特性、言い方によってはバグで、なかなか変えようがないものです。どれだけ論理的に考えようと努力したとしても、つまり正確に根拠や論拠を明らか

にしようと頭を使ったところで、もっと感覚的に、感情的に判断したいという脳の欲求にあらがうのは難しいのです。

ビジネスメディアBooks&Appsの管理人を務める安達裕哉さんは、記事の中で、ダニエル・カーネマンの記事を引用しつつ、論理的思考を身につけるのは一朝一夕のことではなく、日々の訓練が重要だ、としています[※12]。

昔、論文を書く時に教授に「あなたの意見を書く部分、先行研究の部分、客観的なデータの部分がごっちゃになっていて、論文の体をなしていない」と怒られたことがある。

こういうものは、勝手な形式で書いてはいけない。論理的に説明が必要な「論文」は、わかりやすくするために、ある程度形式が決まっているのである。

例えば、

先行研究（確かとしていい事実）

課題提起と仮説（自分の推測）

実験手法と結果のデータ（事実）

自分の結論（意見）

を、論文では順序立てて書かないといけない。

これを身につけるため、他者の論文を読み漁り、説得力のある書き方を真似し、先生から訂正をもらって書き直す、その訓練が、文章力を高め、ひいては論理的に考える力を高める。

「論理」は、こう言った地味な訓練の中で磨かれる。

「学校教育は役に立たない」と言われがちだが、社会に出てから必要な技能の訓練方法についての知恵が、学校教育には数多く含まれている。

「論理的に考える／書く」は、人間の本能とは異なるので、ある程度の期間に渡る訓練が絶対に必要である。だから、社会人になってから急に「論理的であれ」と言われても、これは短期間で身につくものではない。

ちょっとした「研修」や「読書」で身につくタイプの技能ではないのだ。

したがって、もし部下／新人が「論理に弱い」のであれば、それは学校教育と同じような、辛抱強い訓練が必要であることを意味する。

私たちが論理的な思考・観察ができるようになるための、辛抱強い訓練として、何ができるでしょうか。私は、2つの習慣づくりをおすすめしたいと思います。いずれも即効性はありません。慣れたり、使いこなすために時間はかかりますが、確実にみなさんの血肉になります。

ひとつは、「ただ頭の中で考えるのではなく、図を書きながら考えること」を習慣にすることです。前の章でご紹介したワークマンの土屋専務はその著書の中で、何かアイディアが思いついたらそれを図にして考えてみることにしている、とおっしゃっています。また、私がこれまでお会いしてきた優秀なビジネスパーソンや思想家の方には、ホワイトボードや手帳に様々な図をメモされている方が多くいらっしゃいます。頭の中だけで考えているとどうしてもサボろうとしてしまう脳を、思考を断片的にでも図として書き出し外部情報化することで、論理的に捉えやすくなる、という側面があるのかもしれません。私自身も、自社事業やプロジェクトのことを考える際には、ホワイトボードやA３の大きな紙を準備して最大限利用するようにしています。

図には、いくつかのパターンがあります。ピラミッド型やマトリックス型、ツリー型、サイクル型など、その図の形によって、どんなふうに分けるかという方針を示唆してくれます。先ほどの「私たちが生きることを支えているものは何か？」という問いについてこの型を当てはめて考えてみましょう。上下が明確なピラミッド型ではマズローの欲求5段階説に従って、生きることを支える欲求のレベルに応じて分けていけるかもしれません。下に向けてどんどんと構造が伸びていくツリー型では、家系図のように、自分の祖先に思いを馳せることに役立つかもしれません。循環しているものを対象にして構造を捉えるサイクル型では、１日や1年などのスケジュール単位で自分の

図の基本12パターン

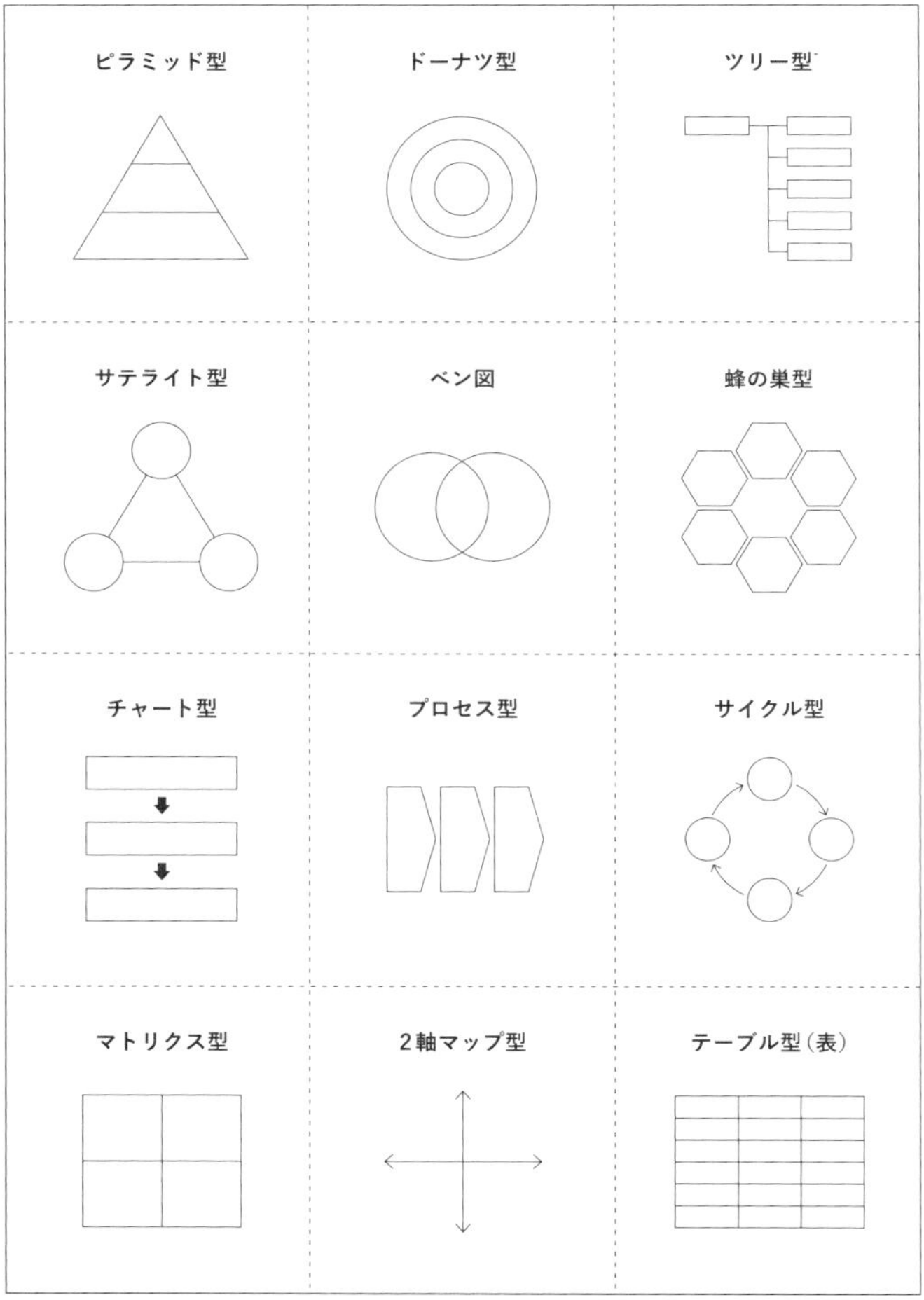

櫻田潤 著『たのしいインフォグラフィック入門』（ピー・エヌ・エヌ新書）をもとに著者作成

生活や生きるということを考えてみるための切り口になるでしょう。このように、どの図のパターンを採用するかを起点にして、どのような論理や構造の元に分けて考えるのか、一定のガイドが得られることでしょう。

もう一つは、構造を考える言葉の口癖化です。

論理的に考えるとはどういうことか、構造とは何か、何もわかっていない新卒一年目のとき、先輩から「何か調べものをしてその報告をするときには、Why? How? So What?の3つの質問には答えられるように。論理的かつ現実的に考えるための基本だから」と教えられました。

- Why?（なぜ）：なぜそういえるのか？その物事の背景には何があるのか？他の理由はないか？
- How?（どうやって）：そもそもどうやって調べたのか？やった方がいいという提言なら、具体的にどうやって行うのか？
- So What?（だから何）：調べたことから見えてくる未来は何か？クライアントの行動に対する示唆は何か？

確かに、調べたことについて常になぜを考えて、検証するための方法と、それが意味することを合わせて考えてみることは、様々な角度から構造的に物事を考えるためのきっかけになりそうです。以来、この3つの言葉を口癖にして、調べものをするときやスライドを書くときには呪文のように唱えていました。また、忘れないように、3つの言葉を書いたポストイットをデスクに貼りつけていました。

もちろん、この言葉を唱えるだけですぐに自分の考えを矯正できたわけではありません。上司や先輩に怒られたり注意されたりしつつ、次第にこれらの問いが内部化され、精度も上がり、自然と物事の背景やそれが意味することについて思いを馳せるようになりました。

これら以外にも、「5W1H」や「守破離」など、特定の構造を意味する言葉を口癖として、頻繁に言葉にする機会を持っておくことは、自らの思考を論理や構造に向けていくためのトレーニングとして有効です。これらの言葉は、みなさんの思考を論理に振り向けるためのキーとなる道具です。

このように、構造を示す図や言葉を使って前提を洗い出すことが、SF思考を進めるための第一歩です。いよいよ、この前提を動かしていきましょう。

ずらしのパターンを増やす

前の項目で、情報の背景にある前提や構造が洗い出されてきたら、いよいよそれらを動かしてみることで、SF思考が進み出します。

前提となる事実をどんなふうに動かしたら良いのか、いくつかの方向性があります。

❶応用：他の物事からアイディアを借りてこられないか。何か真似できるものはないか
❷変更：その情報の要素（順序や頻度、様式、意味、動作など）を変えられないか
❸拡大：大きくできないか。多くしたらどうか。長くしたらどうか。高くしたらどうか
❹縮小：小さくできないか。少なくしたらどうか。短くしたらどうか。低くしたらどうか
❺付与：別のものに加えてみたらどうか
❻消滅：そのものを消してみたらどうか
❼代用：他の人、もの、場所、素材、工程に置き換えてみたらどうか
❽逆転：真逆にしてみたらどうか

これらのずらしの言葉を道具として、前提と向き合ってみると、その向こうにはSF的世界が広がっていきます。

このような技の一つひとつにイメージをつけるために、SF作品の道具を借りてくることもおすすめです。その最高の例が、ドラえもんの作品の中に出てくる道具です。

- 海の生き物の特性をコピーして高性能な船をつくることができる「海の生き物シップ」＝応用
- 様々な機械の持っている力を人間に移すことができる「機械化機」＝変更
- 着るとあらゆることが大げさに感じられる「オーバーオーバー」＝拡大
- 内蔵された知能が勝手に問題を解いてくれる「コンピュータペンシル」＝縮小
- 鼻につけるとどんな犬でも宝物を探し出すことができる「ここ掘れつけ鼻」＝付与
- かぶれば誰でも気にされなくなる「石ころぼうし」＝消滅
- 2人が同時に両端を握ると心はそのままで体だけが入れ替わる「入れかえロープ」＝代用
- 触ったものの働きや性質を全てあべこべにしてしまう「アベコンベ」＝逆転

これらの道具を頭に浮かべつつ、「この対象に対して使ってみたらどうなる？ 同じような考え方を応用するとしたら？」と考えてみるのは有効な思考の進め方です。人間の頭の構造として、目に見えないものを道具として使うのは難しいので、ドラえもんやその他のＳＦ作品に出てくるような具体的なコンセプトを、思考するときの触媒として借りてくることをおすすめしたいと思います。

みなさんの中には、情報というものを使って、なにか新しいもの（考えでも、事業でも、行動でも何でも）を生み出したい、と考えている方がいらっしゃるのではないでしょうか。そんな方に向けて、この項を、ＳＦの父、ジュール・ヴェルヌの言葉で締めくくりましょう。

Tout ce qu'un homme est capable d'imaginer, d'autres hommes seront capables
人間が想像できることは、人間は必ず実現できる。

本章のおわりに：

根底にはいつも愛と想像力を

編集思考とは、言葉や視点変更などの道具を用いて観察する視点を動かすことで情報を立体的に解釈すること。SF思考とは、考える対象の背景にある構造を読み解き、その一部もしくは全部をずらし動かすことで隠れていた真実を見つけること。それらの考え方の重要性と使いこなすための道具をこの章でお伝えしてきました。

この章の最後に、この2つの思考法、ひいては情報というものを上手く使うために、必要な心構えとして「愛と想像力」について書いてみます。

途端に抽象的、精神的な話に振り切ってしまい、申し訳ありません。それでも、私はこの2つを、考えるという行為を大切にする人にとって、不可欠な人間的資質、能力だと考えています。

もともと所属していたコンサルティングファームの先輩で、株式会社KANATA代表及びYoutube「考えるエンジンちゃんねる」運営者としても知られる高松智史さんは、『要するに全ては「愛と想像力の欠如」という、考え方』と題する動画の中で、仕事力の根底には愛と想像力があるはずだ、というお話をされています[※13]。飲み会の場での振る舞いを考えたときに、誰かのグラスが空いていることに気づくのが想像力、その空いているグラスを見て注いであげようとするのが愛だというお話で、想像力がない人はどれだけ愛があっても空いているグラスに気づけないし、想像力がありつつ空いているグラスに気づけたとしても愛がなければ行動につながりません。

私は、事実や情報との向き合い方についても、この愛と想像力の考え方は有効だと思います。どんなに貴重な情報に触れたとしても、そこに十分な想像力がなければ、まともなインテリジェンスを生むこともできないですし、下手したらその存在にさえ気づくことはできないでしょう。また、どんなに情報編集や思考法に関する道具を頭に詰め込んだとしても、考える対象や目的に対する愛がなければ、それを駆使しようとさえ思わないはずです。

この愛という言葉の使い方は、違和感のあるものかもしれません。現代の多くの人にとって、愛とはもっぱら「もらうもの」であって、「持つもの」ではないからです。思い切って言い換えるなら、この愛とは、ある種の「相手への好奇心、関心とその態度としての表明」のことではないでしょうか。

社会心理学者であるエーリッヒ・フロムの著作、『愛するということ』(紀伊國屋書店)の中に、愛の表現として、次のような一節があります。

愛は能動的な活動であり、受動的な感情ではない。そのなかに「落ちる」ものではなく、「みずから踏みこむ」ものである。愛の能動的な性格を、わかりやすい言い方で表現すれば、愛は何よりも与えることであり、もらうことではない、と言うことができよう。

（中略）

愛とは、特定の人間にたいする関係ではない。愛のひとつの「対象」にたいしてではなく、世界全体にたいして人がどう関わるかを決定する態度、性格の方向性のことである。

フロムは、1900年にドイツで生まれ、第一次世界大戦やナチスの台頭などを経験した後、1933年にアメリカに移住しました。そんなフロムが大切にしたのは、拘束や抑圧から解放されることの自由（消極的自由、「～からの自由」）だけではなく、自己の可能性を能動的に展開し現実の形にする力としての自由（積極的自由、「～への自由」）を追求することでした。この積極的自由を追求するために、愛は、主体としての自分と対象である他者に働きかけ、それぞれの内部に新しい感情や考え、経験をつくり出す役割を果たします。

愛を持つ人は、他者と関わる中で、自分と他人に新しい感情や考え、経験を能動的に生み出すことができます。同じように、愛を持つ人は、情報と関わる中で、自分自身の中には新しい考えを、更には情報の中に新しい意味合いを見出すことができる、というのは、言い過ぎでしょうか。少なくとも、世の中全体への好奇心、関心を正しく、かつ強く持つ人のほうが、集めた情報からより多様で豊かな意味を能動的に抽出できる、ということについては、多くの方が同意してくださるのではと思います。

さらにフロムは、「愛とは愛を生む力であり、愛せなければ愛を生むことはできない」とも言っています。ここでもあえて、好奇心、関心と読み替えると、「好奇心・関心とは、好奇心・関心を生む力」だということになります。これが意味するところを考えると、「好奇心は、次なる好奇心を生む」ということではないでしょうか。

好奇心（つまり愛）を持って情報と触れ合うと、そこから新たなる関心が生まれます。例えば、「シンガポールでZipsterという交通アプリが流行っている」という情報に、様々な想像力を駆使しつつ触れたとしましょう。このとき、好奇心がなければ、ただふーんと思って終わりです。しかし、好奇心、愛を持った人であれば、「どんな会社がつくっているんだろう」「いつ頃から始まったんだろう」「自分も使ってみたい、シンガポールに行けば使えるのか調べてみよう」などと、新しい関心事がどんどん生まれてくるはずです。そしてその姿勢は、周りの人に好奇心を伝播させ、さらなる好奇心を生むことでしょう。

フロムは、愛は技術だ、と言い切ります。そしてその技術の習得のためには、習練が必要だ、とも。私は、ここまでお伝えしてきた情報収集の方法論が、愛や想像力の対象となる素材集めだけではなく、それ自身を育むための土壌づくりにも役立つと良いなと思っています。みなさんの好奇心や関心、さらには愛の琴線に触れた何かについて、ぜひいろんな情報を深掘っていってみてください。子どもが、散歩中にきれいな石を見つけたことをきっかけに、帰った後に美しい石の図鑑を開いて延々と眺めるかのように。子どもの好奇心を見習って、知り続けること。関心を持つこと、深めることを諦めないこと。これこそが、習練でしょう。

さて、もう一つの要素である想像力について。これはクライマックス的な内容なので、次章のケーススタディを挟んで最後の第7章でお届けしようと思います。

第 6 章

リサーチ ケーススタディ

Chapter 6

Research case studies

道具の使い方をイメージしていただくための3事例

ここまでの各章では、様々な情報収集の方法論や考え方をお伝えしてきました。本章では、具体的なテーマを設定して、情報収集に関する取り組みの実際をケーススタディ形式でお届けしようと思います。前半2つはGoogle検索に絞ったケーススタディ、最後の1つは企業内での新規事業検討のための調査を依頼された、という仮の場面を想定し、より現実に近い形での情報収集ケースを取り扱います。Google検索のケーススタディをフルに味わうためにも、ぜひ付録でつけている検索のコツをまとめたＰＤＦを見てみてください。

私のGoogle検索能力を上げる上で最も役立ったのは、「Google検索がうまい人の作業の様子を、1時間ほど後ろから観察する」トレーニングでした。作業をしている人が今何を考えて、これからどうしようとしていて、それを踏まえて何をしているのかを言語化してもらえると、学習密度が更に高まった経験があります。

なので私も、ここで私の実際のGoogle検索の流れを、できる限りの思考の言語化とともにケーススタディとしてお届けします。できれば生の映像をお届けできるとよいのですが、今回は文面を通じて、みなさんの学びや気づきにつながると良いなと思います。

ケース①
依頼を受けて明確な目的の下で海外環境を調べる

本ケーススタディは、『米国における遺伝子検査に関する市場や規制の状況を理解する』というリサーチテーマでお届けします。当該テーマに関する私の事前知識のレベルですが、

- 米国の医療制度のプロフェッショナルではなく、ＦＤＡが関わっていそうなこと、過去23andmeなどの遺伝子検査が米国の社会問題になったことは理解をしている
- 過去に一度民間会社が提供する遺伝子検査を受けたことがある
- ＤＮＡやＲＮＡの概念的な違いは理解しているものの、その生物学的な意味合いや計測手法などは理解していない

という、素人とは言えないが業界エキスパートと言うには程遠いというようなレベルです。

このケースについて、専門書やエキスパートインタビューを行うことなく、Googleのみでどの程度リサーチができるのか、ケーススタディとして見ていきましょう。ここまで書いてきたTipsをさっそく実践していくことにします。太字で書いているTipsは別添のＰＤＦで扱っているので、そちらを見て頂きつつ本書を読んで頂くのが良いかもしれません。

基盤づくり：思考するための土台をつくる

まず日本語で基礎知識・事前知識を蓄えるための情報収集を通じて、自分の中に基盤をつくっていきます。最初は、目的・テーマの中に含まれるいくつかのキーワードを組み合わせ、「米国　遺伝子検査　市場」で検索をしてみましょう。**（Tips：最初は「Googleの検索窓にどのキーワードを入れるか」を調べるために検索する）**

その検査結果は次の図のようなものでした（この検索は２０２１年3月に実施しています）。

この検索結果が出てきた時に、すぐにリンクをたどっていくことはせず、いったん全体を俯瞰して、理解を深めていきます。このとき、このページを見たときに私の中で生まれてきている心の声は次のような感じです。

検索結果を俯瞰して当たりをつける

Google検索結果 https://www.google.com/

●２０１９年か２０２０年の情報が多く挙がってきており、Google検索でも一定新しい情報を取っていくことが可能かもしれない
●各情報ページのドメインを見ると、経済産業省やジェトロ、ＫＤＤＩ、岡三証券、三菱総研などが記事・レポートを発行しており、それらを読むことでより具体的なトレンドや調査を深めていく上でのキーワードが得られそうだ
●遺伝子検査・ゲノム解析の領域には大きな投資がなされており成長市場との期待があるものの、２０２０年2月の記事が「消費者向け遺伝子検査市場縮小を受け……」から始まっており、市場の成長は鈍化・低迷しているのかもしれない
●遺伝子検査という言葉だけではなく「消費者向け遺伝子検査（ＤＴＣ）」「ゲノム解析」などの言葉が出てきており、これらの言葉の関係性やそれぞれの定義などを確認しなければいけない

このように、調べながらも「〜なのかもしれない」「〜そうだ」などの思考を巡らせながら、どこを深掘って調べていくか、どこは調べてもあまり価値がなさそうか、当たりをつけていきます。

（**Tips：検索と思考のサイクルを回す**）お題である米国の遺伝子検査市場については、「成長期待はありつつも２０２０年時点では市場が萎んでいる」ということがいえるのかもしれないな、と思いながら、後々詳細を調べることとして、ここではいったんはメモにとどめておきます。

調査の中で出てきた言葉の定義は丁寧に

情報収集初期には、多義的な言葉の定義が出てきたときの対応もしておくのがおすすめです。誰か別の人から依頼を受けて調べている場合には依頼者が求めているのはどれであってどれでないかを確認することが必要です。遺伝子検査といっても、自宅で綿棒などを使って簡易的にできるものから、がん治療の手法選択を行うために血液を解析するものまで様々であることが、検索したレポートを見るとわかります。依頼者が求めている対象と違うポイントを調べていて時間を無駄にした、調べた情報が使えなかった、ということにならないように、「〇〇、××、△△と3つの定義があるんですが、どれを調査の対象にしますか？」「〇〇を対象に調べようと思っているんですが、××や△△についても広げるべきであれば教えてください」のようなコミュニケーションをこの段階で取ることで、その後の情報収集で的を外すことが少なくなります。

（以降の検索では、依頼者に確認したところ、自宅での遺伝子検査を対象に情報を集めて欲しい、という依頼を受けた、という前提で進めていきます）

別の検索キーワードでも当たりをつける

Google検索結果 https://www.google.com/

規制や制度を調べるときには網羅性を意識する

もう一つの規制に関するキーワードを収集するために、別の検索キーワードに乗り換えてみましょう。特にひねりはなく、「米国　遺伝子検査　規制」です。図の検索結果を見ると一つ前の検索結果からはだいぶ趣が変わっており、厚生労働省のタスクフォースで利用された「遺伝学的検査の質保証　海外事情とわが国の目指す方向性」という資料や、「欧米における遺伝情報の法的保護と利用をめぐる議論」というタイトルの論文がヒットします。これらはそれぞれ２０１６年、２００８年の情報とGoogle上で表示されており、調べている現在とは状況が異なる可能性があることを念頭に置きながら、キーワード収集のために追って確認をすることにします。

規制を調べるときに大事なことは、重要なものも漏らさないこと、つまりは網羅性です。そんな調査の対象として頼れるのは、やはり行政の情報です。今回は、経済産業省が発行している「平成27年度製造基盤技術実態等調査（遺伝子解析ビジネス等に関する調査事業）報告書」を見てみましょう。まずファイルを開いて行うのはこのレポートで扱われている内容の全体像を理解すること、そのために有効なのは目次を眺めることです。今回知りたいと考えている米国の規制に関する情報が載っているのか、確認をしていきます。

どうやら、第3章「消費者向け遺伝子解析ビジネスに関する国外の規制動向」の第1節の「北米」の欄を見ていけば、規制動向について確認できそうなことがわかりました。全体が141ページあるレポートですが、知りたいことから逆算すると、p54－61までのページを確認することが最優先になるでしょう。目次を確認して当たりをつけることで、「読んだのに欲しい情報が結局なかった！」という悲しい事態を防ぐことができます。よかったですね。

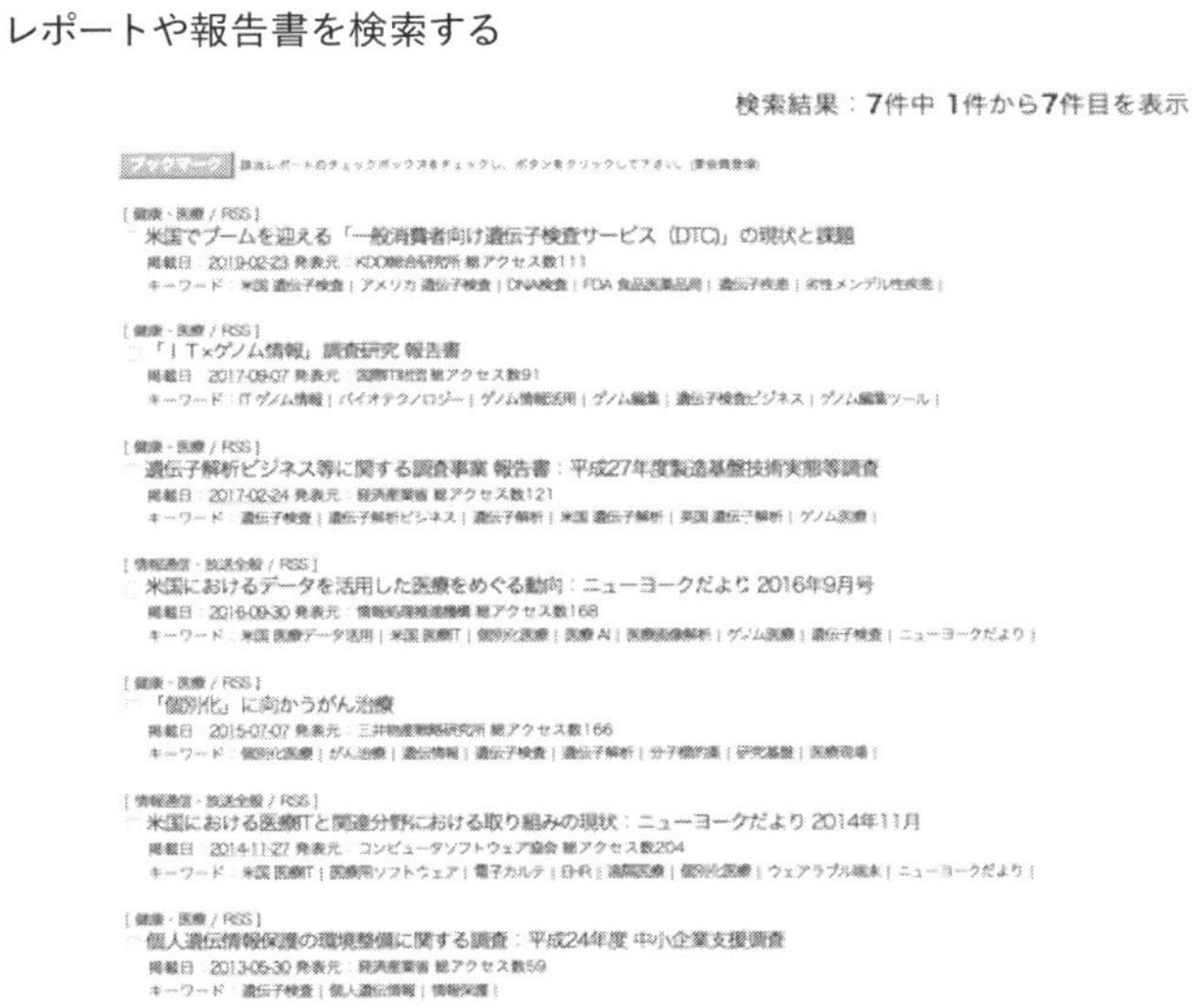
レポートや報告書を検索する

検索結果：7件中 1件から7件目を表示

[健康・医療 / RSS]
米国でブームを迎える「一般消費者向け遺伝子検査サービス（DTC）」の現状と課題
掲載日：2019-02-23 発表元：KDDI総合研究所 総アクセス数111

[健康・医療 / RSS]
「ＩＴ×ゲノム情報」調査研究 報告書
掲載日：2017-09-07 発表元：国際IT財団 総アクセス数91

[健康・医療 / RSS]
遺伝子解析ビジネス等に関する調査事業 報告書：平成27年度製造基盤技術実態等調査
掲載日：2017-02-24 発表元：経済産業省 総アクセス数121

[情報通信・放送全般 / RSS]
米国におけるデータを活用した医療をめぐる動向：ニューヨークだより 2016年9月号
掲載日：2016-09-30 発表元：情報処理推進機構 総アクセス数168

[健康・医療 / RSS]
「個別化」に向かうがん治療
掲載日：2015-07-07 発表元：三井物産戦略研究所 総アクセス数166

[情報通信・放送全般 / RSS]
米国における医療ITと関連分野における取り組みの現状：ニューヨークだより 2014年11月
掲載日：2014-11-27 発表元：コンピュータソフトウェア協会 総アクセス数204

[健康・医療 / RSS]
個人遺伝情報保護の環境整備に関する調査：平成24年度 中小企業支援調査
掲載日：2013-05-30 発表元：経済産業省 総アクセス数59

経済レポートドットコムの検索結果 http://www3/keizaireport.com/

レポート・報告書を通じ「他の人の肩に乗る」

ここまでの検索結果から、この分野についてはいくつかの調査レポートが出ていることがまず理解できてきました。そこで、行政や企業が発行しているレポートを横断的に検索できる経済レポートドットコムで、さらなるレポート検索を試みます。**（Tips：Google以外の場所で"google"する）**

Google検索結果と重複するものもありますが、国際ＩＴ財団や情報処理推進機構、三井物産戦略研究所などのレポートも発見することができました。２０１５年のレポートと２０２０年のレポートの内容を比較すれば、

検索で見つけたキーワードを深掘り検索する

Google検索結果 https://www.google.com/

市場や製品に対する期待の状況や、関連する規制などについても理解を深められるかもしれません。

基本を押さえ、〝本番〟の英語検索に臨む

続いて、英語による検索を試みましょう。こういうときに、一から英語のキーワードを探してはいけません。多くの場合、日本語で表示されるレポートの中に、英語検索のヒントが隠れています。

最初に「米国　遺伝子検査　市場」と検索したときに、いくつかの結果にDTCという言葉が見えます。これは手がかりになるかもしれません。「dtc遺伝子検査」というキー

ワードで検索をすると、このＤＴＣは〝Direct-to-Consumer〟の略であり、直接消費者に提供される遺伝学的検査はDirect-to-Consumer Genetic Testingという呼称で呼ばれることがわかります。今回情報収集の対象とする自宅での検査はまさにこれに該当するため、このキーワードを活かして検索していくことにしましょう。

また、経済産業省の「ＤＴＣ遺伝子検査ビジネスに係る検討の背景について」という２０２０年９月に公開された資料も新たに見つけることができました。このように、検索結果の中で頻発する固有名詞、特徴的な用語を検索にかけ合わせることで、より情報が豊かになっていくことがわかって頂けるかと思います。

さて、Direct-to-Consumer Genetic Testingというキーワードを使って検索していきます。まずは市場規模から。このとき、市場規模を調べるためのキーワードストックとこの言葉をかけ合わせて調査をしていくこととします。

「英語検索時のダブルクォーテーション」等の小技を駆使する

ここで英語で検索する際の検索のコツとして、“ ”（ダブルクォーテーション）を利用しましょう。〝Direct-to-Consumer〟〝Genetic〟〝Testi

英語のキーワードを検索する

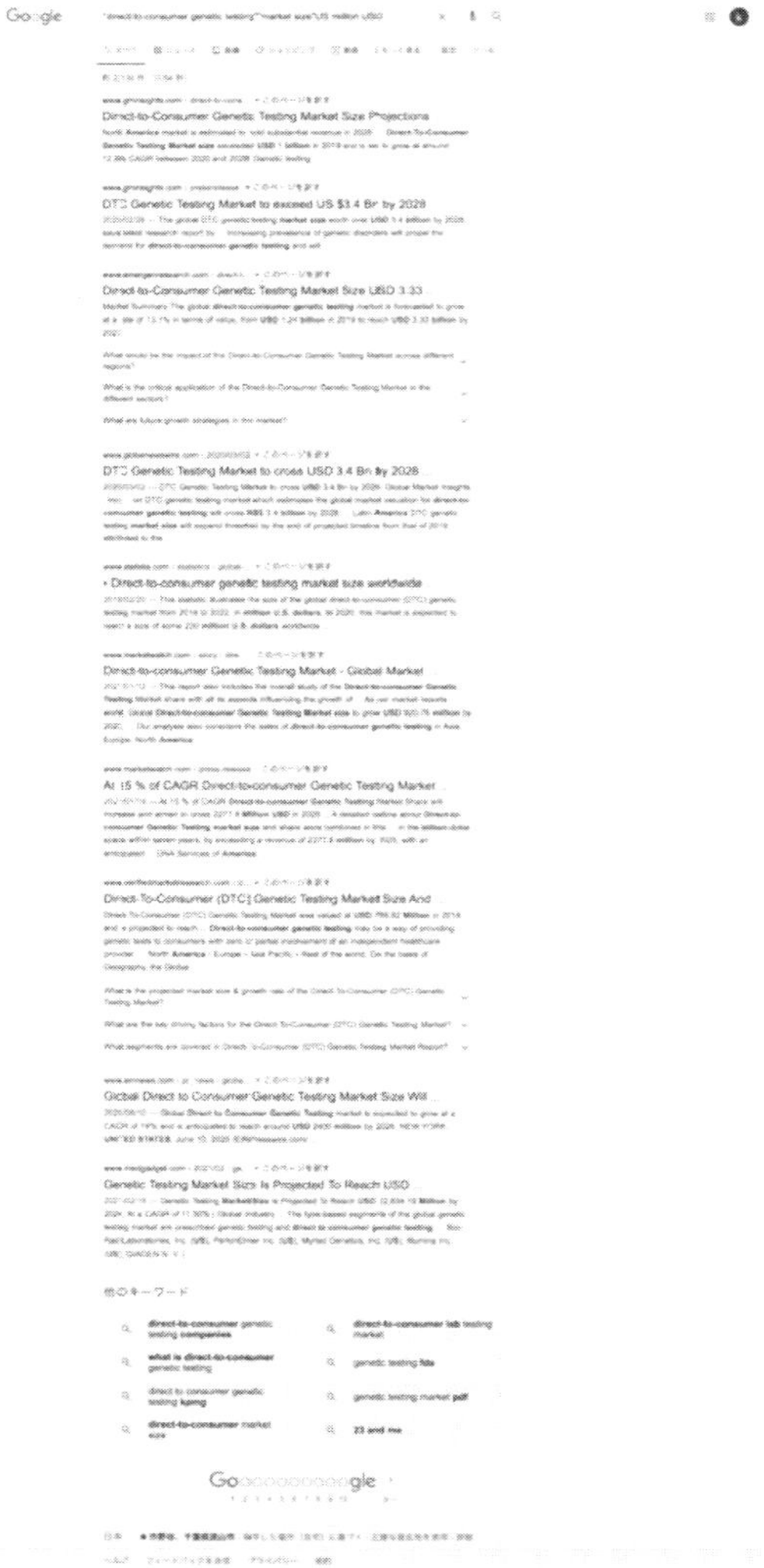

Google検索結果 https://www.google.com/

ng〟という単語がそれぞれで検索されることになりますが、〝Direct-to-Consumer Genetic Testing〟と検索欄に入れることで、一続きの言葉として検索エンジンに捉えてもらうことが可能になります。まずは市場規模を捉えるために、キーワードストックにある〝market size million/billion USD〟という言葉と掛け合わせてみます。具体的に打ち込むのは、「〝Direct-to-Consumer Genetic Testing〟〝market size〟US million USD」です。その結果が次になります。

日本語の検索結果を見るときと同様、一つひとつの検索結果に飛びつく前に、全体を俯瞰してみます。その上で、次のようなことを考えました。

●米国のＤＴＣ遺伝子検査は２０１９年に10億ドル以上の市場規模を持っており、２０２０年代の市場成長率は10％超と予測されている
●２０１９～２０２０年に出されている、かつ調査タイミングである２０２０年12月初旬からそれほど離れていない情報が多く、最新の情報の取得が期待できる
●とはいえ、表示されるものの多くが有料のレポート販売会社（GM insights、Emergen Researchなど）で、無料で深く情報を取っていくのは難しいかもしれない

英語検索でも「巨人の肩に乗り」レポートを探す

市場の概要を知るために日本語で検索したときに見つかったような市場レポートが見つかると、事前知識の構築はより効率的になります。グローバルで展開するコンサルティングファームは自社の知見を内外に示すために、業界構造や市場トレンドなどを数ページでまとめたレポートを発行しています。以下が、検索対象と併せて入れ込むとレポートが見つかる可能性が一定あるグローバルコンサルティングファーム例です。個人的には、KPMGとDeloitte、McKinseyはホットトピックに対してはしっかりレポートを出している感覚があり、ぜひ活用をおすすめします。

- KPMG
- PwC
- Deloitte（日本ではデロイト）
- Ernst & Young（日本ではEY）
- McKinsey（日本ではマッキンゼー）
- Boston Consulting Group（BCG）

- ●Bain & Company（ベインアンドカンパニー）
- ●Arthur D. Little（ADL）
- ●Roland Berger（ローランドベルガー）

ぜひこれらの企業名はメモしておいて、英語や海外について調べたい内容が出てきたらこの名前をかけ合わせて検索をかけてみると、レポートが見つかることが多いと思います。今回の場合にも、企業名と〝Direct-to-Consumer Genetic Testing〟や〝DTC Genetic Testing〟と掛け合わせて調べてみると、次のようなレポートが見つかります。

- ●Direct-to-consumer genetic testing -Opportunities and risks in a rapidly evolving market（KPMG）[※1]
- ●Harnessing opportunities and managing risk in the future of health（Deloitte）[※2]
- ●The Bio Revolution（McKinsey）[※3]
- ●Future of health 2 -The rise of healthcare platforms（Roland Berger）[※4]

海外のレポートは、事業者の紹介や将来に対する見立てなどが豊かに書かれていることも多く、ぜひ参照したいところです。

翻訳技術を最大限活用して英語への苦手意識を軽減する

例えば、前述レポートに挙げたうちの一つ、〝Direct-to-consumer genetic testing -Opportunities and risks in a rapidly evolving market〟の内容を見てみましょう。その中に〝Drivers of growth〟という項目で、市場成長の要因となる要素に関する指摘があります。原文はもちろん英語。英語のリーディングが得意な方は問題ないのですが、苦手な方でもDeepL等を活用して内容を確認することができます。確かに違和感のある部分もありますが、内容を理解する分には概ね問題がない精度で翻訳してくれます。ネイティブ・マルチリンガルな方はまだしも、英語が得意、くらいのレベルの方であれば原文の文章を読む時間・負担が相応であることを考えると、まずはDeepLを活用して日本語でぱっと概要を掴み、正確な表現や内容を知る必要があれば原文に当たる、という資料の活用の仕方もありなのかもしれません。

リーディングカンパニーを検索する

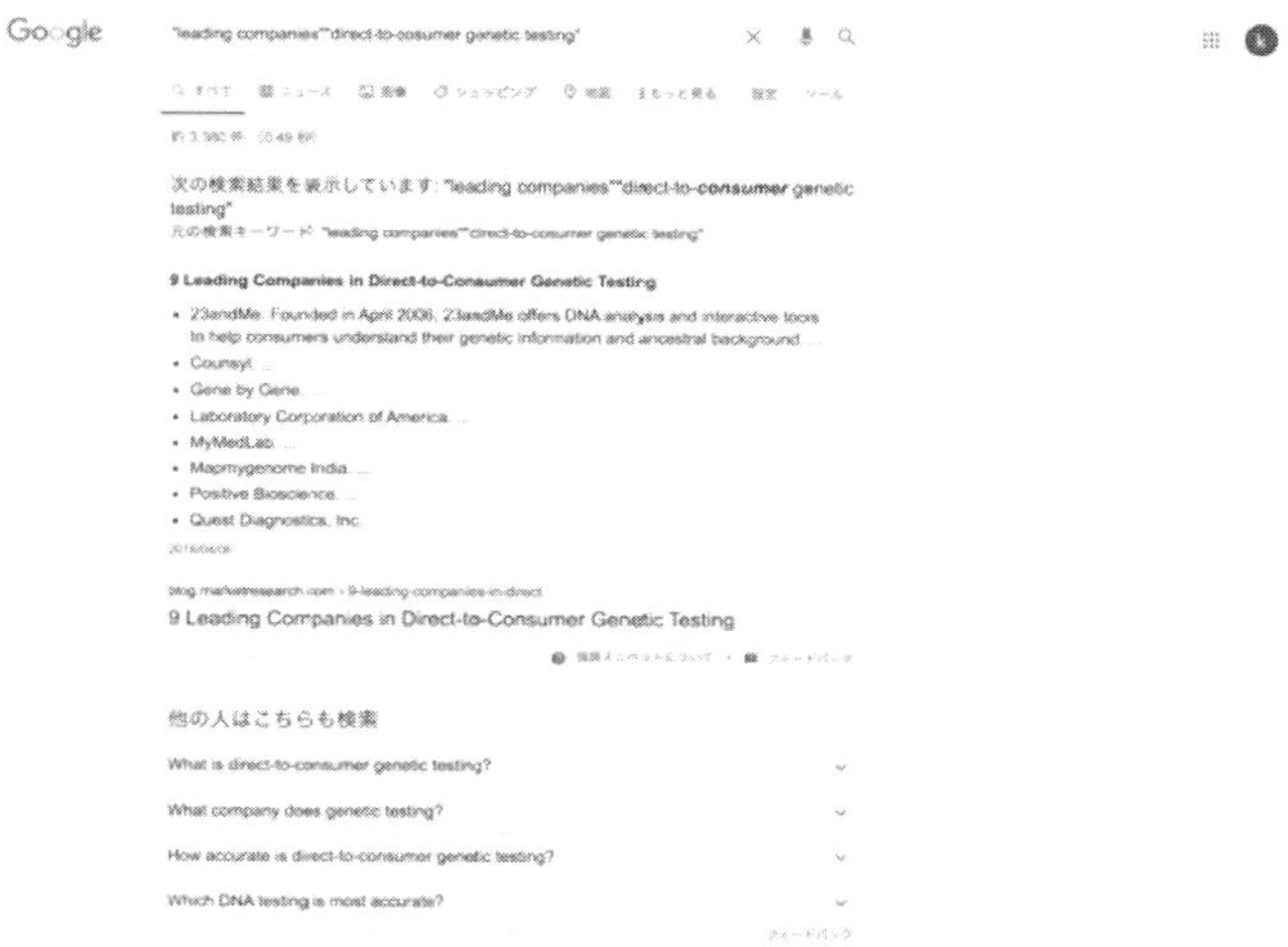

Google検索結果 https://www.google.com/

個別企業のミクロ情報もフォローアップする

続いて、この領域の優良なプレイヤーについても調べてみましょう。こんな時には、〝Leading Companies〟等のキーワードが有効です。この言葉を掛け合わせて検索をしてみると、Googleの仕様により、具体的な候補が表示されます。ありがたいですね。

さらに、〝Startups〟などのキーワードで絞り込むと、TechCrunchなどのメディアのベンチャー企業・スタートアップ系のメディアで遺伝子検査をテーマにした記事を確認することもできます。

さて、調査対象のもう一側面である、規制

についても英語で調べておきたいと思います。規制について調べるときには、規制を行っている省庁・行政府の名前と併せて調べることで、適切な情報にアプローチすることが容易になります。米国のヘルスケア系の監督官庁はどこなのか調べてみると、FDA（U.S. Food and Drug Administration）となります。どうやってFDAにたどり着くのかというと、〝US healthcare regulations agency〟などと検索すると見つけることができます。英語キーワードのつくり方に困ったら、DeepLなどを活用してみましょう。「米国　ヘルスケア　規制　監督官庁」などと打ち込んで英語に変換するとそのまま検索キーワード化することもできます。

さらにFDAとターゲットとなる遺伝子検査キーワードをかけ合わせると、遺伝子には限らず、DTC検査に関する規制を直接紹介するページを確認することができました。規制については、このページを見ていけば、基本的な規制の状況を確認することができそうです。

本ケースワークのまとめ

このケースでのここまでの大きな流れをまとめます。

❶日本語の検索キーワードをいくつか用いて事前情報を高める

❷初期検索で出てきた固有名詞やキーワードを用いて深掘り調査
❸表現・定義のブレ・揺らぎがある部分は調査依頼者に確認
❹行政や民間企業の日本語レポートを通じてさらに基礎知識を強化
❺英語検索を組み合わせて日本語での検索から深掘り
❻海外コンサルティング企業名とテーマを掛け合わせて英語レポートを収集
❼DeepLなどの翻訳サービスを使って日本語変換、深掘りする部分だけ英語原典に当たる
❽個別のプレイヤー・企業情報も調べてミクロ情報・具体事例を補足

ここまでまとめてきた情報でどこまでのことがわかるでしょうか。この調査を始めたときの依頼は、米国における遺伝子検査の市場や規制について調査をすることでした。相当の市場レポートや規制に関する行政文章も見つかり、いくつかの米国内事業者も見つかったことから、この業界に関する基礎的な情報は概ね網羅できたと考えて良いのではと思います。集めた情報を元に報告資料をまとめれば、検討の第1弾としてはまずは合格ライン、というシーンが多いのではないでしょうか。ここから深掘りをするのであれば、問い・キーワードをより明確にして情報を取りに行くか、エキスパートインタビューなど別の情報収集手段の活用を検討すべきでしょう。

ここで重要なのは、調べたレポート・報告書・記事に書かれていた内容をそのまま鵜呑みにしな

いことです。規制は数ヶ月単位で変更されることもあり、特に海外市場・事業を対象にした国内の情報であると、既にレポートの内容は置き換わってしまっている可能性も相応にあります。これらの検証については、調査で見えてきた各ファクト・情報に対して個別に「現在どうなっているのか」を検証する必要があり、特に意思決定や行動に直結する内容についてはこれを行うべきです。

私自身が事実の検証を行うときに行う方法は大きく分けて2つ、当該領域のエキスパートに頼る、あるいは各種ＳＮＳを活用して最新情報を探ることです。どこまでここに時間とお金をかけるかはケースバイケースですが、全ての情報の正しさを完全に検証しきることは非現実的です。何がどこまでわかっているのか、フェアに判断した上で、依頼者にフィードバックを行いましょう。大切なのはフェアネスです。

ケース②
「～について気になっている」ふんわり目的感で情報を集める

さて次は、より曖昧な状況下での情報収集におけるGoogle活用事例を見ていきましょう。こちらは、どこまで確認できればＯＫなのか、その基準がありません。そんな中で効果的・効率的に情報を集めるために私が行っていることをここでお伝えできればと思います。

私は２０１９年から、「神戸からのデジタルヘルスレポート」という記事をブログで連載してきました。デジタルヘルスとは、ＳＮＳやアプリ等を通じて医療現場や患者の健康状態を改善、医療成果を向上させるもので、スマートフォンやＩｏＴの普及に伴い世界中で様々なスタートアップやサービスが生まれています。この連載記事を始めようと思ったきっかけは、なんとなく私が「最近おもしろいデジタルヘルス事例が多いな、ちょっと調べてみるか」と思い立ち、Googleで検索してみたことです。特に記事化しよう等の強い問題意識・目的意識があったわけではなく、自分のために、なにかおもしろい会社が見つかればいいな、程度のことでした。今回の、目的が曖昧なケースでのGoogle検索に、このケースを取り上げようと思います。

このケースについては、検索を通じて思考を発散させていくこと、を大切にして検索を行います。目的が明確になっている場合には検索結果がその目的に則しているのかどうかを適宜確認しながら次のアクションを考えていくことができますが、目的が曖昧な場合には、そもそも判断すべき指針として活用できるものがありません。そんなときには一定の時間制約を置きながら、将来の目的を持った情報収集やその他の思考の発展のために、密度のある情報にアプローチしていくことが大切です。

第1章で扱った情報の定義でいうと、今まさにインテリジェンスを生み出すために効率的にデータやインフォメーションを集めるのがケース①のケーススタディ。これから説明するケース②は、将来のインテリジェンス創出につながるようなデータやインフォメーションを一定の無駄は許容しながらも集めていくプロセス、といえるでしょう。

何はなくともまずは調査レポートから

さて、まずは思考発展の土台として、他の誰かがまとめてくれている情報やレポートから当たっていきます。自分のその業界に対する理解度が相当深まっていない限りは、まずは「専門家である誰かがまとめてくれた情報」に当たる方が、情報収集の効率性も正確性も高まります。個別のニュース記事や企業事例などに焦点を当てて情報収集をしていくのも良いですが、最初に全体を見通したときの論点やトレンドを押さえておくことで、個別の事例に対する理解度も高まります。

前のケースと同様、まずは調査レポート探しから始めましょう。「デジタルヘルス　調査　レポート」と検索したときの結果が次のページです。日経ＢＰやFrost & Sullivan などが発行している有料レポートが目立ちます。これらのレポートは安くて数万円、高いと百万円超のものもあるため、なかなか手が出せません。そんな中、コンサルティングファームであるRoland Bergerが「デジタルヘルスの事業化」というタイトルでレポートを発行していたり、strategy&（PwCグループに所属するコンサルティングファーム）が「ヘルスケアの未来を拓く」というレポートを発行していることがわかりました。

民間企業のレポートの良さは、レポートにおける検証課題やテーマが明確で深い示唆が得られやすいことがあります。strategy&のレポートは、医療のコスト構造変化や投資動向などに着目しながら、興味深い情報を共有してくれています[※5]。例えば次のようなものです。

調査レポートを検索する

Google検索結果 https://www.google.com/

●調査回答者の96%は、「ヘルスケアの未来は患者主体（＝個人が自身の健康を、自身で管理するようになる）かつ予防的となり、個別化及びデジタル化され、日常生活に組み込まれるこうした未来は新しい規制、組織、事業モデルによって実現する」、というシナリオに対し、「全くそのとおりと思う（64%）」または「一部そのとおりと思う（32%）」と答えている。

●68%は、「このシナリオは、2030年までにはヘルスケア市場の多くで常識となっているだろう」、と答えている。

●75%は、「抜本的改革を行う気さえあれば、ヘルスケアの未来は製薬業界においてチャンスと捉えられる」、と回答している。

●85%は、「ヘルスケアの未来の主な要素は、すべてまたは一部、自社の戦略上の重要課題に既に掲げている」、と答えている。

●しかしながら、「自社がこれらの課題に対して、包括的アプローチで対応している」と回答したのは25%に過ぎない。

図表を通じて概要・キーポイントを掴む

文字情報はもちろん、図表の確認も有効です。調査会社やコンサルティングファームが出すレポートにはもれなく図表が入っており、レポートを読むときには文字を飛ばしてまず図表から確認をしていく、というのも有効な情報の集め方でしょう。同じように、先ほどのstrategy&のレポートで、ヘルスケア市場に参入する事業者の特徴について記載された図表を見てみます（ぜひここで一度手を止めて、レポートの図表を見てみてください）。

図の内容を見ると、多くの領域で規制当局がデジタル化を阻害する要因となる一方で、医療・診断機器企業や大手ハイテク企業などは推進側として取り上げられています。この大手ハイテク企業の関わり方のヒントが、もう一つの企業レポート・Roland Bergerの「デジタルヘルスの事業化」にありました。各種のオンラインプラットフォームやtelehealth（遠隔診療）、ＶＲやＡＩなどが医療の質の向上や医療費抑制、医療のユニバーサルアクセスに貢献する様子について描いています。

ここまで調べたときに、いくつか踏み込んでみたい調査テーマが出てきます。

●大手ハイテク企業（Google、Facebook、Amazonなど）のデジタルヘルス関連での取り組みはどのようなものか

●規制当局（米国FDAや日本のPMDAなど）は本当にデジタルヘルスの阻害要因となっているのか

●各要素技術を活用したデジタルヘルス事例としてどのようなものがあり、成功しているといえるものはあるのか、等

ふわりとした目的に基づく情報収集なので、心のおもむくままにインフォメーションを集めていきます。

テキストではなくイメージや図表を探す

これらの図表のみを効率的に探したいのであれば、Google画像検索も有用です。多くの方が普段利用されているのは、文字で検索しその検索結果としてまた文字が表示されるものだと思います。Google画像検索では、文字または画像で検索した結果が、画像によって表示されます。例えば、「デジタルヘルス」というキーワードのみで画像検索をかけてみましょう。デジタルヘルスの概念

画像検索の結果から情報収集する

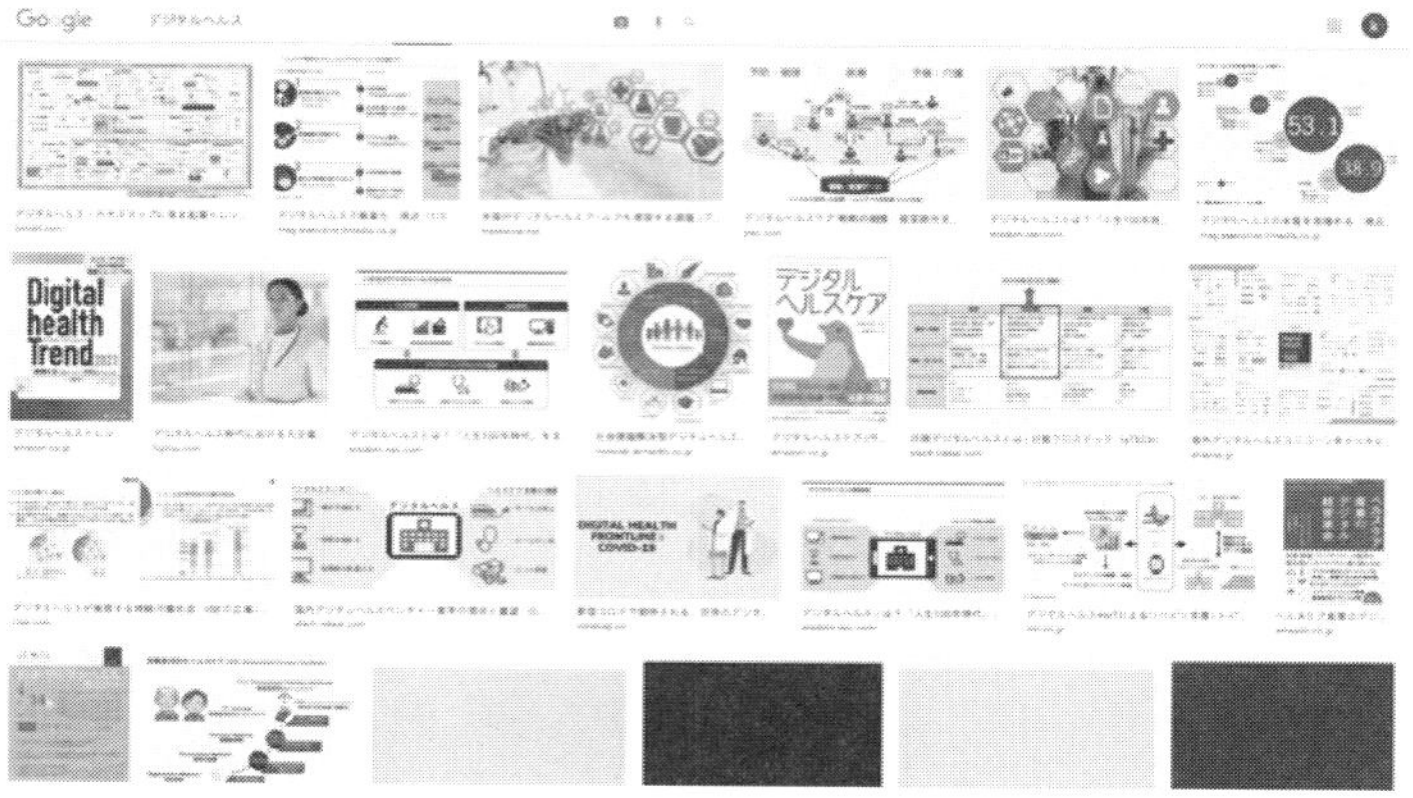

Google検索結果 https://www.google.com/

の整理、領域毎の市場規模予測、当該領域に関わるベンチャー企業・スタートアップのリストなどがぱっと出てくるため、検索結果を文字で表示されるよりも一目で結果が見えやすくなっているのではないでしょうか。

Google画像検索の有用性は、一つの画像を選択したとき、その類似画像を候補として提示してくれるところです。例えば検索結果の中にある「デジタルヘルスの市場予測」という画像をクリックして詳細を確認しようとすると、その下部に関連画像がいくつも表示され、さらなる情報探索が簡単に行えます。このケースのように、広くデータやインフォメーションを収集するシーンでは特に有効な手法だと思います。

ますます増加するＷｅｂメディアや企業

のＷｅｂ上での発信には、読み手の理解を促進する画像がつきものです。そのため、文字で検索→文字で記事を表示→記事を開いてその中の図表画像を確認する、と進めるよりも、最後の図表画像に直接検索窓からアプローチしてしまう方が効率的に情報を集められる場面も多くあるのではないかと思います。

余談ですが、このGoogle画像検索、文字だけではなく画像自体を検索エンジンに読み込ませて類似・関連画像を検索することもできます。デザイン制作などのシーンでは使える手法だと思うので、ぜひ使ってみてください。

さて、ここまで少し調べるだけで、当初の「おもしろいデジタルヘルス事例が多いから調べてみよう」という問題意識から調査テーマや問いをより具体化することができました。目的が明確でない調査では、この問題意識・問いの具体化をどんどん進めていくことが大切です。そうすることで、より密度がある情報にアプローチし、思考を発展させていくことが可能になります。

深掘りの前に〝幅〟を出す

深掘りしたくなる気持ちをぐっと抑えて、他のレポート探索も進めてみます。先ほどは民間の調査レポートで具体的なテーマ例を見てきましたが、今度はより広範な論点を押さえるために、行政系のレポートを探してみましょう。関わっていそうな官公庁の名前を想像し、厚生労働省、経済産業省、総務省、内閣府などの名称と「デジタルヘルス　報告書」と掛け合わせて調査報告書を探してみます。そうすると、次のような資料やページが見つかります。

- 内閣官房 次世代医療ICT基盤協議会 進捗状況（内閣府）[※6]
- データヘルス改革推進本部（厚生労働省）[※7]
- 保健医療分野におけるAI活用推進懇談会（厚生労働省）[※8]
- 保健医療分野におけるICT活用推進懇談会（厚生労働省）[※9]
- 経済産業省におけるヘルスケア産業政策について（経済産業省）[※7]
- 次世代ヘルスケア産業協議会（経済産業省）[※10]

この調査を通じて、デジタルヘルスという広いキーワードにかかわらず、「次世代」「ICT」「AI」「データ」等のより具体的なデジタル要素で見ていった方が最適な事例が見つかるかもしれない、という気づきを得ることができました。

また、「デジタルヘルス　行政　レポート」のようなキーワードでの検索を通じて、さらなる記事・レポート発掘を行うことができました。具体的には、

●米国医療機器・ＩＶＤ工業会「革新的医療機器創出のための官民対話」（２０２０年11月）
●医療機器センター「デジタルヘルスの進歩を見据えた医療技術の保険償還のあり方に関する研究会（略称：ＡＩ・デジタルヘルス研究会）からの提言」（２０２０年８月）
●日本経済団体連合会「Society 5.0時代のヘルスケアII ～ＤＸによるＣＯＶＩＤ‐19対応とその先の未来～」（２０２０年７月）
●日本総合研究所「デジタルで変容するヘルスケアビジネスとわが国の課題」（２０１９年６月）
●日本政策投資銀行「医療現場におけるデジタルヘルスの可能性」（２０１８年９月）

等です。

レポート特化の検索へ

これだけ情報が見つかるのであれば、他の民間主体もレポートを発行しているかもしれません。前項でも活用した、経済レポートドットコムを用いて見てみましょう。２０２１年3月時点で、デジタルヘルスで検索すると71件のレポートがヒットします。先に見たRoland Bergerやstrategy&のレポートに加えて、医療機器産業研究所やDeloitte、PwC、国際金融情報センターなどのレポートも確認できました。

まずはこの業界についてざっくり知りたい、ということであれば、まずは見つけたこのあたりのレポートをじっくり読むことをおすすめします。何十~何百名の方が大量の時間を投入して情報を集め、加工し、まとめてくれたレポート・報告書なので、これを活用しない手はありません。これらの基礎情報を頭に入れておくかどうかで、これから個別のニュースやサービス事例に触れたときに起きる反応も全く違うものになるでしょう。この業界に明るくないのであれば、まずはここでいったん検索の手を止めて、レポートの読み込みに時間を使っていくことをおすすめします。

個別の企業事例を探るいくつかの方法

ケース①の時と同様、個別企業の情報も拾っておきましょう。ケース①の英語検索で利用した"Leading companies"などのキーワードを利用することも可能ですが、ここではさらに3つの方法を紹介しようと思います。

1つめは、メディアやプラットフォーマーがまとめている事業者情報を見ることです。今回のような新事業系のテーマで代表的なものだと、米国メディア・Fast Companyが毎年発表している

メディアなどがまとめている事業者情報を見る

Fast Company"Most Innovative Companies 2020"[※13]

"Most Innovative Companies"のリスト等があります。新たなイノベーションに取り組む50の組織・団体を毎年発表している同社ですが、地域毎・産業毎に10社ずつ、注目すべき取り組みを紹介しています。VR・AR、AIのようなテーマから物流や都市開発のテーマも扱っているため、自身の関心に近い領域を見てみると意外な発見があるかもしれません。

ちなみに、今回のケースの文脈を踏まえてHealthの項目を見てみると、いくつかのおもしろい組織・サービスが紹介されていました。もしみなさんもご関心があれば、それぞれの個別企業について深掘りをしてみてください[※12]。次のような企業をそれぞれ調べることで、私自身もだいぶワクワクしました。

●Maven Clinic：従業員の妊活やヘルスイシューを支援する遠隔医療機関
●Prime Therapeutics：データ解析により医療費不正を検出
●Suki：医師の音声入力を支援するＡＩ開発
●Lyra Health：メンタルヘルス治療を対面・遠隔で実施する医療機関
●Paragon Biosciences：放射線医の乳がん発見確率を20％向上させるＡＩ
●Xealth：患者向け製品・サービスの開発プラットフォーム
●RxSense：処方箋の安価な調達に貢献
●Alma：セラピストの個別治療・プライベート施術を支援する共有空間
●Northwell Health：専門家やラボを巻き込んだ未来の病院
●Zebra Medical Vision：脳出血の早期発見支援ＡＩ

2つめの方法は、事業者が発表している自らが属する業界・市場について発信している情報の中から事業者の情報を抽出する、というものです。調べたい、関心を持っている市場・業界の中で有力な事業社が上場している場合、その企業の投資家向け資料（Investor Relations：ＩＲ資料）を確認すると、競合企業がその市場における主要な有力プレイヤーとして紹介されているケースがあります。この考え方を踏まえて、その市場において有力なプレイヤーの名前と「競合」「代替」等の

カオスマップを活用する

出所：emol株式会社

キーワードを掛け合わせて検索をすると、業界の中での有力なプレイヤーが見えてくることもあります。

新規事業やテクノロジー、スタートアップに関連する調査を行う場合、具体的なキーワードとしてカオスマップ（"chaos map"）というキーワードを使うこともおすすめです。このカオスマップとは、特定の業界に絞ってサービスや商品を提供する事業者をカテゴライズした業界地図で、業界内にどんな事業領域があるのか、どんな事業者・スタートアップがいるのかを一目で確認することができます。今回のデジタルヘルス領域だと、2021年1月にemol社が「国内メンタルヘルステックカオスマップ 2020年版」を公開しています[※14]。この領域でどんな企業が活動し

Googleニュース検索を活用する

Googleニュースの検索結果 https://news.google.com/

ており、どんなサービスがあるのか、それを数十社単位で確認ができるので、業界の概要を知るにはおすすめの検索方法です。

このカオスマップはヘルスケアや農業、ECなどの業界単位でまとめたものから、チャットボットや音声認識などの技術単位でのもの、地域単位でまとめたものまで幅広くあり、ご自身が所属していたり関心がある領域のカオスマップとそこに掲載されている企業としてどこが載っているのか、一度調べてみることをおすすめします。

3つめは、特に新規事業など動きの激しい分野・領域で有効ですが、Googleのニュース検索を活用することもおすすめです。検索エンジンとニュースの掛け合わせでいうと、Yahoo!を思い浮かべる方が多いのではと思

通常のGoogle検索と比較すると……

Googleの検索結果 https://www.google.com/

いますが、Googleも同じようにニュースサービスを提供しており、先ほどのGoogle画像検索と同じようにニュースに絞った検索を行うことも可能です。

ニュースを検索することの意義は、新規サービスリリースやM&A・業務提携、イベントでの受賞歴など、最新の動向に絞って情報を得ることができることです。例えば、「デジタルヘルス　買収」というキーワードで、通常のGoogle検索とニュース検索の結果を比較してみましょう。Google検索でも2020年の事例が多く上がってきているものの、一部2016年の事例（ノキアによるWithings買収）をも含まれるなど、少し時系列としては遅れたものも上がってきています。

一方でGoogle Newsの検索結果は検索実施日

Googleニュース検索の方がニュースを検索しやすい

Googleニュースの検索結果 https://news.google.com/

から1ヶ月以内の情報が優先的に表示されており、上がってくるのもブルームバーグ等のニュースサイトが上位です。表示される結果の違いを考えると、同じ言葉で通常検索とニュース検索、両方を行ってみるのが良いかもしれません。また上がってくる検索結果がニュースサイトに限定されることを考えると、通常検索をしてみたものの個人ブログなど信頼性の低い情報しか上がってこない場合にも、この方法は有効でしょう。

このほかにも、調べたい業界や市場に関連する展示会・イベントに出展している企業や事業者を探す、関連市場・業界の業界団体の会員企業を探す、その業界について取り上げた市場レポートの目次欄に掲載されている企業名を探す等の方法もあります。大事なことは、繰り返しになりますが、誰かが調べてくれた情報にまずは乗っかってみることです。それらの情報を吸収した上でまだ自らのニーズが満たされない、新しい問いが生まれてくるのであれば、そこではじめて個別具体的な事例を探しに行くことをおすすめします。

ちなみに、このケースでテーマとしてあげた「神戸からのデジタルヘルスレポート」では、毎週5社のデジタルヘルスに取り組むスタートアップを紹介する記事を書いていました。しかも紹介するスタートアップは海外の企業がほとんどで、米国や欧州などの主要国の企業以外を中心としながらも、毎月20～25社のスタートアップを継続的に発掘し、記事化していく必要がありました。これはどのように情報収集を行っていたかというと、

1：創業から間もないデジタルヘルススタートアップが参加するプログラムをまとめた英語Webサイトを見つける（英語版まとめサイト的なもの）[※15]
2：1で見つけた各プログラムについて、これまでに参加したスタートアップを表示しているページを見つける（各プログラムの実績表示ページ）[※16]
3：2に表示されている各スタートアップをExcelにまとめる
4：3でまとめたExcelシートにある個別の企業について、各社Webページやメディア情報、専門データベース等を用いて基礎情報を集める

5：3の企業について、アップデート情報を掴みやすいように、情報の自動収集の仕組みを作成しておく

以上でいう1や2については「たぶんそのようなWebサイト・情報ページがあるだろう」という仮説を持って探していました。普段から、明確な目的を設定しない情報収集をして様々な情報ソースに当たる経験を積んでいるからこそ、このような仮説を持つことができたのだと思います。このような仮説を持つためには普段から様々な情報ソースに触れておくことが有効です。

5については、第3章の後半で解説していますが、例えばデジタルヘルスに関連する要素でGoogleアラートを活用するのであれば、

●〝遠隔診療　スタートアップ〟などのカテゴリー情報を登録する
●個別の企業名を登録しておく

等の仕込みをしておきましょう。こうすることで、新しい調査レポートや報告書が出たり、調査したい企業が新しいリリースを出したときに、素早く情報を得ることができます。毎日情報を見る

のが大変な場合は、毎週末にまとめて情報が届くように設定しておくのが良いかもしれません。

本ケースワークのまとめ

本ケースで行ってきたのは、次のようなことです。

❶調査レポートを通じてテーマを概観する
❷興味深い図表を見つけ、その図表をキーにした画像検索を行う
❸発行元や言語、テーマの軸でレポートを再発掘する
❹個別の事例（本ケースでは企業事例）を探す
❺今後事例を収集するための経路をつくる

前で取り扱ったケースでは他者からの依頼に応えるという明確なゴール・目標があり、それを達成するインテリジェンスを正確に生み出すために言葉の確認や細かいファクトの確認まで丁寧に行う必要がありました。しかし今回のように、自身の関心に基づいて自由に情報を集めていくシーンではそれらを行う必要はありません。代わりに、自身の興味に引っかかる部分がどこかを常に自問

自答しつつ検索を続けていくことが求められます。

2つのケースを通じて、実際に行っていることはレポートの探索や個別の事例の深掘りなど、それほど大きな違いはありません。どちらかというと、行った結果に対してどう反応するか、対応するかという点で差異があるはずです。他人の依頼に基づいて情報収集をするときは、一つひとつの情報に触れる度に「この情報はその人の行動や意思決定にとって意味を持つか」という問いをふるいにして情報の選別を行っていきますが、個人の興味に従った情報収集では「自分はどこを面白いと感じたのか」「この情報を知った自分は次に何をしたいのか」のような問いを自分にぶつけつつ次の行動を考えることになるでしょう。他人の依頼に基づいた締め切りのある情報収集にもかかわらず、自分の興味関心に従って情報収集を進めてしまい意味あるインテリジェンスを生み出さないままタイムアップ、のようなことにならないよう、注意しましょう（私がコンサルタントになりたてだった際、このような失敗を何度かしてしまった反省があります）。

ケース③
市場調査プロジェクト：国内タクシー市場を調べる

次は、Google検索に限らず、様々な方法をかけ合わせて行う情報収集のケースです。実際に私が取り組んだリサーチのプロジェクトを題材に、情報収集のケース、具体的な取り組みとしてまとめています。自分だったらどんなふうに調べるかな、設計するかな、ということに思いを巡らせながら読んでみてください。

ここでは一つのモデルケースとして、国内タクシー市場に関する調査、情報収集を取り上げてみましょう。仮の状況設定として、

- 情報収集を行う人（ここでは私）は、大手通信系企業の事業企画部に所属しており、既に進めているいくつかサービスの拡大支援とあわせて、新規事業推進の役割も担っている
- 所属する部署で、MaaS（Mobility as a Service）関連の新規事業や外部企業連携を検討するこ

とになり、そのための基礎調査を行うことになった

●私はタクシー業界に関する調査を担当することになり、3週間後の部内会議でその内容を20分間説明する機会が与えられている

・他の人が担当する調査テーマとしては、海外サービス事例、鉄道分野、バス分野、MaaSを支える各種技術要素、関連事業者・パートナーシップ例

・以上のテーマは一定重複があり、抜け漏れがある可能性を指摘されつつも、いったん調査を開始し、必要に応じて見直しをかけることに

●予算がそれほどあるわけではないが、上司を説得すれば30万円程度の予算をつけてもらえるのではないか、という感覚を持っている

●この調査ワークをしっかりと行い成果を出すことで、自分の業務の中で新規事業検討の割合や外部企業とのかかわり、接点を増やしたいと考えている

としてみましょう。このような環境で、私であれば、どんなふうにして情報収集を進めていくのか、一つのケーススタディとしてご確認いただければと思います。

紙とペンで、調査論点を考える（すぐPCを触らない）

調査を始めるからといって、最初にGoogleで「タクシー 市場」などと検索を始めることはしません。まず行うのは、「この2週間でどんなことをするか、考えること」です。第2章でご紹介したインテリジェンスサイクルの5ステップを思い出してください。

❶タスキング（Tasking）
❷収集（Collection）
❸処理（Processing）
❹解析／判読／分析／予測（Exploitation）（必要に応じて、1に戻る）
❺配布（Dissemination）

実際の情報収集（5ステップでいうところの収集、Collection）を始める前に、まず考えるべきはタスキングです。タスキングをするために、まずはこの調査で答えを出すための論点について考えてみます（論点とは何か、を考えるためには、内田和成『論点思考』（東洋経済新報社）や、株式会

まずは手書きで調査テーマの見当をつける

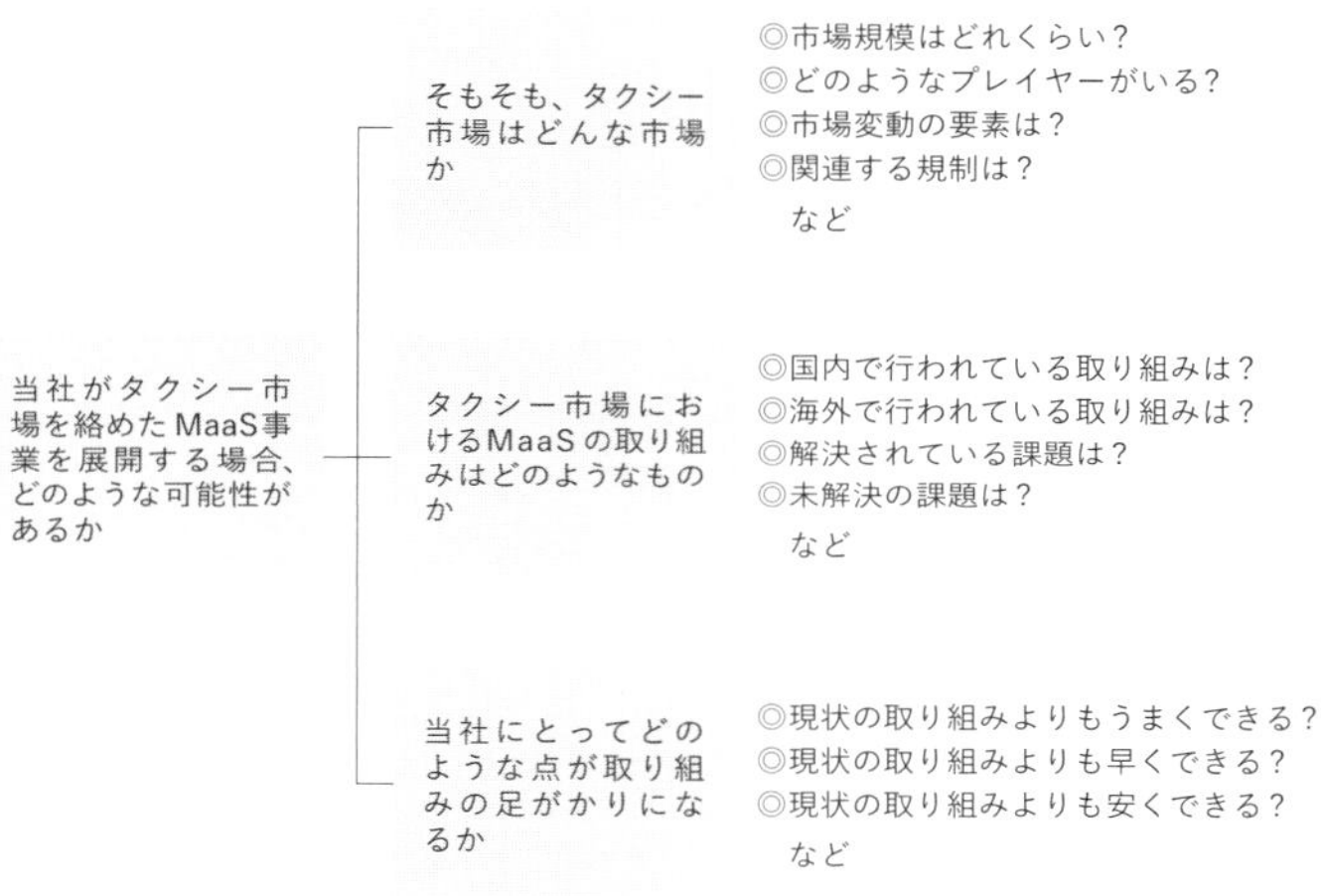
当社がタクシー市場を絡めたMaaS事業を展開する場合、どのような可能性があるか
そもそも、タクシー市場はどんな市場か
◎市場規模はどれくらい？
◎どのようなプレイヤーがいる？
◎市場変動の要素は？
◎関連する規制は？
など
タクシー市場におけるMaaSの取り組みはどのようなものか
◎国内で行われている取り組みは？
◎海外で行われている取り組みは？
◎解決されている課題は？
◎未解決の課題は？
など
当社にとってどのような点が取り組みの足がかりになるか
◎現状の取り組みよりもうまくできる？
◎現状の取り組みよりも早くできる？
◎現状の取り組みよりも安くできる？
など

著者作成

社ロジカディアが運営するメディア、ロジカディアにおける論点関連の記事[※17]などをご参照ください)。

この調査はまだ基礎調査の段階で、まだ「当社はタクシー市場においてMaaS関連事業を展開すべきか」などの具体的な論点を設定する段階にはなく、「当社がタクシー市場を絡めたMaaS事業を展開する場合、どのような可能性があるか」のような、少し抽象的な論点を解いてみることにします。

この論点に答えるためにどんなことを理解すべきなのか、具体的に考えを進めていく上で、ホワイトボードや紙を使うことをおすすめします。この論点を考えるためには頭の中の論理性をフル稼働させなくてはいけないのですが、第5章で書いたとおり、人間の頭はすぐに論理的思考から逃げようとしてしまいます。また、論理的に考える上で、文字や数字と、図表などで表される構造を組み合わせて表現することが有効なため、それを表現できるメディアとして、紙やホワイトボードはその自由度の高さと拡張性の観点からおすすめできます。

さて、いろいろ考えた結果、大まかにいって、こんな調査テーマがあるのかな、というところまで見当をつけました。こんな内容を、手書きでA4のコピー用紙に書いてみて、頭を整理したところでいよいよ手を動かし始めます。

事前知識を高めるための初期調査、及び情報収集自動化設定を行う

一部の情報収集本では、「最初にどんなアウトプットを出すか考えておくべき」とガイドされることがあります。確かにそれができればいうことなしなのですが、慣れていない分野や知識がないテーマだと、最初から精度の高いアウトプットイメージを持つのは難しいと、個人的には感じています。そのため、前述のようなどんなことを調べたいのかの初期リストができたあたりでまず事前知識を集め始め、その後に改めてアウトプットイメージを考えるのが良いのではないでしょうか。

事前調査として、本書の第3章の中でご紹介した方法をどんなふうに実施していくのか、見てみましょう。

専門書籍を深く読む

Amazon等の検索サイトで「タクシー」や「MaaS」といったいくつかのキーワードを入れてみるのも良いですし、大型書店に行って交通系の本棚を探して歩いてみるのも良いでしょう。MaaSについては、近年多く取り上げられるテーマということもあり、様々な書籍が出ています。しかし今回はタクシー業界について深堀って知ることが目的です。例えば『総合研究 日本のタクシー産業：現状と変革に向けての分析』(慶應義塾大学出版会）のようなものが目的に合うのではと思います。発行年も2017年とそこまで古いわけではなく、予算との兼ね合いですが、この本の購入は前向きに検討してみても良いかもしれません。

専門書籍を買う際、その本の内容にどんなことが書かれているのか、Webで検索もしてみましょう。この本については、大学の先生が書評を投稿しており、PDFで閲覧が可能です[※18]。購入前に目を通しておけば、「新しい情報はなかった、無駄買いだった」ということも防げるでしょう。MaaSのように流行のテーマで新しい本がたくさん出ているようならば、flier[※19]のような書籍内容の要約サイトを覗いてみれば、それらの本について大まかな内容を理解することもできます。多くの本から内容のエッセンスを抽出したいのであれば、アカウントをつくっておくこともおすすめです。

専門メディアの有無と内容を確認する

タクシー業界について専門メディアがあるかどうか、Google検索で調べてみると、ハイヤー・タクシー業界専門情報紙として、『週刊交通界21』という媒体があることがわかりました。購読すると、週1回の専門紙提供だけではなく、週3回の速報版が届くとのことで、充実した内容が記載されているのではとの期待が持てます。Webを確認すると、各号で扱われている記事の見出しも確認でき、バックナンバーの購入も可能なため、知見を一気に貯めるには良いでしょう。

さらに、タクシー日本新聞社が月2回発行する情報紙、『タクシージャパン』なども見つかります。こちらも紙面で扱われているトピックスも確認できます。最新紙についてはPDFがWeb上に公開されているのも良いですね。規制関連の動向から日本各地の個別タクシー会社の新たな取り組みも掲載されており、以上のメディア同様、業界理解に役立ちそうです。また、同社を調べていく中で、海外のライドシェアについて取り扱った『世界のライドシェアとタクシー』という書籍を同社が刊行していることがわかりました。このように、一つのメディアを見ていくと他のメディアでの有益な情報が見つかる、ということも往々にしてあります。

市場があるところに必ず専門メディアがある、というのが私の実感です。今回も、それを見つけることができました。

行政がまとめた報告書を探す

続いては行政系のレポート確認です。さっそくGoogleで「国土交通省　タクシー　報告書」などと検索してみるのも良いですが、第3章でもお伝えした経済レポートドットコムのようなレポート横断探索サイトでタクシーをキーワードに探してみることにしましょう。そうすると、第3回日本サービス大賞地方創生大臣賞を受賞したイーグルバス株式会社、つばめタクシーグループの事例や、2020年12月に国土交通省から出された一括定額運賃・変動迎車料金の導入に関する報道発表資料などが見つかります。さらに、経済産業省が主導する「高度な自動走行システムの社会実装に向けた研究開発・実証事業」のパイロット地域の実証実験結果報告書（2020年3月）も見つかり、この中で静岡市や豊田市、横須賀市など国内13市町村がパイロット地域として紹介されています。これらの市町村を対象に調べていけば、知りたかったことの一つである「国内における取り組みがどうなっているのか？」についてもアプローチができるかもしれません。

ここでいったん深呼吸をして、他にどんなテーマで行政系レポートを探すべきか、頭を巡らせてみます。タクシー業界について全くの素人の私でも、タクシー業界については一定の規制がかかっていることを理解しており、規制緩和などの文脈でニュースに挙がってきたのを目にしています。また、内閣府に設置された規制改革推進会議が、社会経済の様々な領域での規制の是非について検討していることも、普段のニュースなどで確認をしています。この二つの情報から、「規制改革推進会議で、タクシーに関する規制について検討が行われているのではないか？」という仮説を立ててみることにします（このように、複数の事実を組み合わせて統合し「～なのではないか／～に違いない」という問い・主張をつくってみることが、情報収集・リサーチにおいて有効な手段の一つです）。

以上の仮説に基づき、Google検索を駆使して規制改革関連の資料を探してみると、２０２０年７月２日に扱われた「規制改革推進に関する答申」の中でタクシーの利便性向上に関する検討がなされており、営業区域外運送の柔軟化や変動料金制の導入についても議論が進んでいることがわかります。また、２０１８年１月国土交通省自動車局から提出されている規制改革推進会議向けの説明資料や、同年４月に全国ハイヤー・タクシー連合会が提示している各地域のタクシー事業者が行っている新たな取り組みに関する説明資料も確認することができます。国土交通省自動車局が説明資料を提示していることから、ここがタクシーに関する規制を取り仕切っているはずだ、という仮説を立てて調べてみると、国土交通省Ｗｅｂサイトの自動車交通関係事業のなかに「タクシー事業について」というページがあり、そこで関連する法令やタクシー事業・市場に関するまとめ、特別措置法に関する解説なども掲載されていました。行政の取り組みについては、このあたりを概観することで、大枠を捉えることはできそうです。

また、先ほど専門メディアを調べている中で書籍を発見したように、タクシーに関する規制改革を取り上げる専門メディアを別途見つけることもでき、ここでも領域横断的な情報収集を果たすことができました。

学術研究や論文を探す

論文検索サイト、CiNiiで、タクシーについてどのような論文やレポートが出ているのかを確認してみましょう。論文の良いところは、「先行研究」として既存の情報がまとめられており、かつ参考資料としてそれらの所在地が明確になっているケースが多いことです。論文検索サイトや研究公開サイトでキーワード検索をしてみるのはおすすめのアプローチ方法です。

CiNii上での検索によって、まずはレポートとして、行政情報システム研究所が発行する「タクシー産業のデジタルトランスフォーメーション：利用者の声とモビリティデータの活用で加速（特集　政府のＩＴ戦略とデジタルトランスフォーメーション）」のようなレポートや、東京法令出版から出ている月刊交通の中にある「タクシー業界の現状と課題等（特集　職業運転者に関する運転免許制度の見直しについて）」という特集を見つけることができます。より論文らしいものとして、東京交通短期大学研究紀要に掲載された「技術革新がもたらすタクシー業界の変化 Changes in the Taxi Brought about by Technological Innovation」や、日本道路協会の論文誌「道路：road engineering & management review」に掲載された「交通決済の変遷とタクシーのキャッシュレス化：レガシーな業界のデジタルの最前線が、次世代の決済スキームを牽引する（特集 道路とキャッシュレス）Transition in the Transport Payment：Cashless Payments in the Taxi Industry」が見つかります。決済という視点が新たに出てきたのは、収穫かもしれません。

論文を探していたはずが、新しい書籍が見つかったり、レポートが見つかったり。このように、視点や場所を移しながら情報探索をしていくことで、元々の方法では見つけられなかった情報にもアプローチできるようになります。

事業者が出すレポートをチェックする

ここまででもたくさんのレポートや報告書が挙がってきましたが、最後に事業者自身が出している情報もチェックしに行きましょう。タクシー業界の大手事業者がどこか調べてみると、大和自動車交通株式会社、日本交通株式会社、帝都自動車交通株式会社、国際自動車株式会社の4社が挙げられることがわかります。

例えば日本交通の会社Ｗｅｂサイトを訪れ、プレスリリース欄を見てみると、「妊娠に関するアンケート」として陣痛タクシーの認知度調査レポートを発行しています。さらに、ＨＡＮＥＤＡ ＩＮＮＯＶＡＴＩＯＮ ＣＩＴＹにおける自律走行バスの定常運転や、「個別移動インフラ」としての都内初となる食事のデリバリーサービスの開始など、各種の新しい取り組みも確認することができます。

このような、まだ芽として小さいとしても新しい取り組みを知ることができるのは、事業者発の情報ならではです。本ケースのように、新規事業検討のために情報収集を行っている場合、このような情報は貴重な検討材料となります。

動画の投稿サイトを探索する

ここまででも相当量のレポートが集まってきていますが、それらの文字を何の予備知識もなく読み込んでいくのはなかなかに大変です。そんなときは、動画サイトで解説動画などを確認してみることも良いでしょう。

Youtubeで「タクシー」とだけ検索すると、タクシー転職のすすめやタクシー乗車にまつわるトラブルなどの動画が上位に来てしまい、今回の目的にあうものは出てきません。そこで「タクシー規制　解説」などのようにキーワードを絞り込んでみると、タクシー規制緩和をテーマとして行われたディベート大会の動画[※20]、タクシー業界の歴史を解説する動画、報道局が公開しているタクシーの規制緩和に関する過去のニュース映像などを見つけることができます。これらを1・5倍速再生で15分ほど見ることで、前述のようなレポートを読み込んでいくときに一つひとつの文脈が理解しやすくなるのではないでしょうか。

関連する事業者を幅広に出す

まず、どのような業種、業態の会社がタクシーの事業運営にかかわっているのかを考えるところから始めます。事業を運営しているタクシー会社はもちろん、車のリース会社、決済系の事業者、メーターやカーナビなどの機材製作・販売会社など、事業運営のためのステークホルダーは相当数いることが考えられます。さらに、事業者の規模としても、車メーカーのような大企業から地域の中小企業、スタートアップまで様々でしょう。

ここではまず事前知識を蓄えることが目的なので、それほど深入りせず、かかわるステークホルダーを図にまとめ、それぞれの業態の大手企業を調べられる範囲でまとめていく程度で良いでしょう。余裕があれば、それらの大手企業の取り組みや、新規事業という文脈で、タクシーに近い領域で活動するスタートアップを調べてみることにします。日本国内のスタートアップを中心にまとめているデータベース、STARTUP-DBを使えば、テーマ毎にスタートアップを探索することができ、Mobility Technologiesや電脳交通、NearMeなどがこの領域で戦っているスタートアップだ、ということがわかります。

海外まで含めれば相当の情報があるだろうな、ということを想像しつつ、まずは事前情報探索として、このあたりでいったん打ち止めです。

GoogleアラートとRSS登録

今回は3週間の調査のため、GoogleアラートやFeedlyなどのRSSリーダーを活用したとしても、それほど新たに得られるものはないかもしれませんが、念のために対応をしておきます。

今回のような調査の場合、私であれば以下のようなキーワードをGoogleアラートに登録します。これらのキーワードは、ここまで行ってきた各種メディアに出てきたキーワードや、個別の事業者名などを登録しておくのが便利です。

「タクシー　市場」「タクシー　規制」「タクシー　規制緩和」「タクシー　新料金制」「タクシー　新規事業」「MaaS」「MaaS　タクシー」「地方　交通　新規事業」「大和タクシー」「日本交通」「帝都自動車」「KMタクシー」「Mobility Technologies」「電脳交通」「NearMe」

このあたりをまとめてGoogleアラートに登録しておけば、何か新しいアップデートがあればすぐに気づくことができます。また、Feedlyで交通系のメディアを登録して、日々タクシーに関する情報が出てこないかざっと流し読みをすれば、大きな情報の見落としもなくなるはずです。

論点と事前知識を掛け合わせ、成果物のイメージを〝先〟に考える

さて、このあたりまで事前情報や事前知識がまとまってきたら、いよいよ成果物のイメージを膨らませていきましょう。

ここで最もやってはいけないのが、「ここまで集めてきた情報をどうまとめようか」という視点で成果物を考えることです。見ていただいてわかるとおり、ここまで行ってきた事前情報の収集活動は、特に一貫性を考えずに実行しています。そこで集まってきた情報は、必要な情報に対してどの程度充足しているのか、それぞれの情報が目的を踏まえてどの程度重要なのか、という判断を一切せずに、まずは業界の大きな枠組みを知ろうという目的の下で行っています。そのような活動の結果集まってきた情報をまとめたところで、当然成果物はバラバラとした内容になりますし、中には価値のない情報も紛れ込むことになります。それでは考える順序が逆で、求める成果物のイメージからどんな調査内容を盛り込むかを考えるのが本来必要なアクションです。多くの方がここで間違ってしまい、結果、主旨がよくわからない調査報告書が大量生産されている、というのが私の理解です。

ここで改めて、成果物イメージの背景にある、この調査プロジェクトの背景情報を整理してみま

しょう。

- この調査は、部署として行っているMaaS（Mobility as a Service）関連の新規事業や外部企業連携の検討に向けた基礎調査
- MaaSにおける他領域・切り口（海外サービス事例、鉄道分野、バス分野、MaaSを支える各種技術要素、関連事業者・パートナーシップ例）については別の人が報告を行う予定
- 自分の報告時間は20分

まず、20分という時間の制約から、報告できる個別テーマは7～10程度（スライドで7～10枚程度）だろうという予測が立ちます。聴いている人も同等の知識・情報を既に持っているような場での報告であればより多くの内容を伝えることも可能だと思いますが、今回のように、聞き手がよく知らない内容について調査報告を上げる場合、前提知識の共有を丁寧に行ったり報告スピードを抑える工夫をすることなどを考えると、スライド7～10枚程度に抑えるのが現実的でしょう。

その7～10枚を何に当てるのかを考える上で参考にするのは、他の人の報告内容です。MaaSとは何か、海外事例、MaaS全般の取り組みなどについては他の人がカバーしてくれそうなので、それらの内容は省いて良さそうです。そして、今回は新規事業に向けた基礎調査、という名目がある

ため、個別のニュースなどを取り上げるだけでは不十分だろう、という予測もたちます。

以上のような想定から、

●タクシー市場概要：市場規模（金額・台数・輸送人員、その推移）、大手事業者
●タクシー市場に関する規制：タクシー「サービス向上」「安心利用」推進法など
●タクシー市場において起きているトレンド：規制緩和、活用法の拡充、コロナ禍での対応
●大手事業者の取り組み：大手４社の新規の取り組み、特にMaaS関連
●国内スタートアップの取り組み：MaaSに繋がるスタートアップの取り組み
●以上の取り組みが拡大していく上での現状の障壁
●現状での当社の取り組み仮説

のような7ポイントについて報告することを考えてみます。法規制や個別企業の取り組みについて詳細を説明する必要が出るかもしれない、との考えから、まずは7つにポイントを抑えています。

このような内容について、1ポイント1スライドで成果物をつくっていこう、と決めるところが最初のステップです。もし事前情報で既に報告資料がつくれそうなところがあれば、手書きなどでスライドイメージ、資料イメージを考えていくのも良いでしょう。コンサルティングファームでは、

この段階で、「空パック」や「スケルトン」と呼ばれる、「各スライドで何をいいたいかというメッセージとタイトルが書かれたスライドのみで構成されたパッケージ資料」を作成し、調査の中で各スライドの中身・ボディ部分を埋めていく、という進め方をするのが一般的です。ぜひみなさんも、可能であれば、この空パックづくり、スケルトンづくりにチャレンジして、その上で具体的な調査に取り組んでいってもらえればと思います。

上司・チームと調査のポイントをすり合わせ今後の調査設計をする

今回の基礎調査は、自分自身のためだけにやっているわけではありません。部署、チーム全体での成果を目指して活動しています。なので、この調査でどんな成果を生み出そうとしているのか、生み出したいと思っているのかについては、できればチーム全員、少なくとも部署を束ねる上司とは事前に合意しておきたいところです。

上司に30分程度時間を取ってもらい、事前に調べてきたこと、それらを踏まえて現状考えている仮説、3週間後の発表会の中でどんな章立てで話そうとしているかについて、議論をしてみましょう。その上で、今後どのようなポイントに焦点をあてて情報収集、調査をしていくのかを明確に合意します（これをコンサルティングファームでは上司と「握る」と表現します）。

理想としては、基礎調査の開始が決まってからこの上司との議論、合意まで、２〜３日程度の時間軸で完了させられることが理想です。もしみなさんが、このプロジェクトについてそれほどやる気がない、あるいは他の業務に忙殺されている中でそれほど真剣に実施することができない、というのであれば話は別で、いかに最小限の時間で最低限必要な情報をチームにフィードバックするかを考えるべきでしょう。しかし、このプロジェクトにおいてしっかりと価値を出したいと考えているならば、全体の2割の時間（つまり3週間、営業日ベースで15日間を対象にするならば3営業日）が経った時点で、最終的に求める成果の8割の目処は立てておきたいところです。

情報収集やリサーチの文脈で失敗をしてしまう方の多くは、経過した時間と完成物の仕上がりの関係を線形で捉えているなと感じます。仕事柄、大企業からスタートアップまで多くの企業とお仕事をご一緒させていただきますが、そこでお会いする方の中にも、全体の３割の時間が経過した時点で30点の完成度、７割の時間が経過した時点で70点の完成度、最終日に10割・１００点に行き着くことを目指す、そんな取り組み方をしている方をお見かけすることがあります。その方が結果的にどうなるかというと、そんなに物事はきれいにいかず、途中で予想外の情報が見つかったり、既存の情報が覆されたり、予想よりも忙しくなったり追加の依頼が飛んできたりして、最終日の成果は控えめにいっても20〜30点の出来、というふうになったりします。

うまくいく情報収集やリサーチ、ひいては多くのプロジェクトは、序盤にぐっと完成度を高めて、中盤から終盤にかけては細かい調整や修正を通じて完成度を徐々に高めていくことに注力しています。実際に、優れたコンサルティングファームのチームが行うプロジェクトでは、半ばに実施される中間報告の段階で、キーとなる仮説にはほぼ答えが見えてきており、後半は「本当にその仮説は正しいのか」を念入りに検証する、というような進め方になっているケースも多くあります。

正直、本ケースのここまでご紹介してきたレポートや書籍、情報を読みこなすだけでも、相当の負担があるのではないかと思います。だからこそ、それらの中にある情報を丁寧に拾い上げ、丁寧に編集し、時に「もし~だったら」と思考を巡らせることで、数日でもある程度の精度を持った基礎調査をつくり上げることができるのだと思います。

さてここからは、3日で8割の完成度の基礎調査を完了させた上で明確にこれからの調査アクションを定義できたとして、残りの2割、更に完成度を高めていくためのアクションを見ていきましょう。

追加のデスクトップ調査で個別要素を探す

事前知識を高めるために行っていたようなデスクトップでの各種調査、専門メディアを確認したり論文を探したり、という活動を別途行います。上司との議論を通じて、深掘りするポイントや

「～なのか?」という答える問いが明確になっていると、このデスクトップ調査の効率性が上がってきます。

例えば、「タクシーの定額乗車の取り組みとして、国内でどのような取り組みがあるのか?」を一つの深掘りする焦点として定めたのであれば、それに関する規制や事例、ニュースなどを探していくことになります。先ほどまでのように「タクシー　市場」のようなざっくりしたキーワード検索ではなく、「タクシー　定額　規制緩和」や「タクシー　定額　取り組み　定期券」等のような、より具体度を高めたキーワードで見ていくことになります。

事前情報と組み合わせることで、市場の理解度はぐっと高まるはずです。

フィールド調査として現地に赴く、難しくてもSNS・ソーシャルハンティングを

ここまでがデスクトップ調査、パソコンや書籍を利用した情報収集ですが、自分の目や耳で直接情報を取りに行くフィールド調査も大切にしたいところです。直接フィールドに赴き確認することで、レポートやニュース記事の中で取り扱われていた情報が徐々に認識として立ち上がり、立体化され、最終的には確信へと変わっていくはずです。

理想としては、事前情報の中で取り上げられていたような先進的な取り組みをしている自治体に足を運んでみて、実際にタクシー関連の先進的なサービスを利用してみるのが良いでしょう。東京にお住まいの方であれば、横須賀に行ってAI乗り合いタクシーを利用してみたり、周りで利用したことがある方に話を聞いてみる、等も良いかもしれません。そうすることで、「アプリケーションはこんな感じなんだ」「決済周りがいまいちだな」等の実際的な気づきが得られるはずです。そこまでするのも難しければ、自宅や職場の近くのタクシーに乗って、運転手の方に乗車中に「横須賀でタクシーの新しいサービスが導入されているそうですが、あれってどうなんですかね？」のような雑談をしてみるのも手です。

もしフィールドに出られないとしても、SNSなどを使ったソーシャルハンティングを通じて、以上の実証実験に参加したユーザーの声が拾えるかもしれません。運良くそのユーザーが動画や画像のアップロードをしていれば、実際の様子をこの目で確認することもできます。ぜひ第3章でご紹介したTwitterの高度検索を使ってみてください。

フィールド調査に行くときには、たくさん写真を撮って、チームに共有できるように。生々しい情報を大切にしましょう。

エキスパートインタビュー調査で踏み込んだ情報をとりに行く

業界についてより詳細な、踏み込んだ内容についての調査が必要になったとしたら、書籍やデスクトップ調査で調べられる範囲にはどうしても限界があります。そんなときには、インタビュー調査の実施も検討してみましょう。一昔前に比べて、インタビューを行うことのハードルはだいぶ下がってきています。少し事前準備が必要ですが、ぜひトライしてみてください。

情報を持っていそうな人を探す

インタビューについては第４章でも説明しましたが、ここではケースに即してみていきます。

インタビューをする相手は、まず身近なところから探してみましょう。その方が、時間もお金も節約できます。業務にかかわる内容であれば部署や社内で、プライベートな内容にかかわるものであれば、ＳＮＳやメールで直接依頼してみるのも良いでしょう。多くのプロフェッショナルファームでは、社内チャットや全社メールで「○○について知見がある方がいればお話を伺えませんか？」や「○○業界にいる知人がいれば紹介してください」という内容の投稿がよくされ、意外に「夫／

妻がその会社で働いている」「前職でその業界を担当していた」のような人が見つかるものです。まずは近いところで人を探してみましょう。

それでもなかなか見つからない、あるいは見つかる見込みがないほど期待するインタビュー相手がニッチな対象の時には、インタビュー相手を探してくれるサービスを活用してみましょう。国内でいうと、様々な業界のエキスパートが13万人（2020年末）も登録しているビザスクであれば、2～3万円程度の謝礼でエキスパートの話を聞くことが可能になっています。もう少し泥臭くやるのであれば、Linkedinなど経歴や経験が多く掲載されているようなところで検索をしながら進めることになります。

今回のケースでいうと、まずは社内で交通系のプロジェクトを担当している部署やチームに相談に行き、聞きたい内容に答えてくれそうな方を探します。また合わせて、自らが所属するチームが利用しているコミュニケーション環境に、次のような投稿をしてみます。

今私たちが取り組んでいる新規事業検討のプロジェクトの中で、タクシー業界に関する基礎的なファクトの理解を進めています。

● タクシー市場概要：市場規模（金額・台数・輸送人員、その推移）、大手事業者

●タクシー市場に関する規制：タクシー「サービス向上」「安心利用」推進法など
●タクシー市場において起きているトレンド：規制緩和、活用法の拡充、コロナ禍での対応
●大手事業者の取り組み：大手４社の新規の取り組み、特にMaaS関連
●国内スタートアップの取り組み：MaaSに繋がるスタートアップの取り組み
●以上の取り組みが拡大していく上での現状の障壁

過去にタクシー市場・業界関連のワークにかかわっていたり調査をされたことがある、あるいはご家族や知人で以上のようなテーマでお答え頂ける方が思いつく方は、ぜひお知らせください。

このような投稿をして、数日間反応を待ってみましょう。同時並行で、ビザスクなどのエキスパート探索サイトで、タクシー業界大手やモビリティ関連のスタートアップ、交通系メディアの出身者などに、このような聞きたいポイントを提示して、お答えいただける方がいるかどうかを探しに行きます。

インタビューを行うことが決まってから、相手を見つけて実施日程の調整が完了するまでを２〜

3日で完了させることができれば望ましいスケジュール感です。

当日相手に何を聞くかのカンニングペーパー（〝インタビューガイド〟）をつくる

インタビュー相手と話す場に、手ぶらで行ってはいけません。何のために、どんなことを聞きたいのかを事前に整理しておく必要があります。考えるべきポイントはいくつかありますが、代表的なチェックポイントは次のものです。

❶ 質問項目は、インタビューの目的を満たすものか（質問項目に全て答えてもらえたとして、目的は達成されるか）

❷ インタビュー相手にとって答えやすい質問内容・形式になっているか

ⓐ 未来予測を聞くよりは過去の経験を聞く

ⓑ 意見よりも事実を聞く

ⓒ 質問単体ではなく文脈を明確にして聞く

❸ インタビュー相手にとって答えやすい質問の順番になっているか

❹ インタビュー時間を考えたときにこなせる現実的な量か

今回のようなケースでいうと、インタビュー相手にとっての答えやすさを考えると、ご自身の自己紹介からタクシー業界・市場の全体像について伺った後に、個別の確認事項を事実ベースで聞いていくことになるでしょう。決して「将来のタクシー業界はどうなっていきますか」のような質問をしてはいけません。それについて明確に答えを持っているような予言者はこの世におらず、かつそれはインタビューの中で得た事実を踏まえてみなさん自身が考えることです。聞くとしても、「今年起きたタクシー業界にとってのビッグニュース3つを選ぶとしたら、○○さんなら何を選びますか」「現在タクシー事業計画を立てる上で組み込んでいるシナリオとしてどんなものがありますか」のような、過去や現在の事例に紐付けて聞くことになるでしょう。

今回のコロナ禍で、インタビューも対面ではなくZoomやMicrosoft Teamsなどのオンラインツールを用いて実施することが増えました。もしそのようなツール経由でインタビューを行う場合には、相手に許可を取った上で録音や録画をしておくようにしましょう。その場ではメモを取るのではなく質問や問いかけに集中することで、より精度と質の高いインタビューにすることができます。インタビューが終わり次第、その音声を聞きながら、内容のまとめに入っていきましょう。

得られた事実をまとめてメモ化する

貴重な話を聞けたとしても、ただ自分の頭の中だけにその情報があるようでは、それをチームとしての検討に活かすことはできません。ただの言葉・データとして溜まっているものを、インフォメーションの形にまず成形・加工することが必要です。インタビューを行った後には、その内容をインタビューメモの形式にまとめていきましょう。

インタビューメモは、発言の逐次録ではなく、そのインタビューで得られた情報・事実を構造化してまとめたものです。

- 概要：インタビューを行った日時や場所、相手の簡単な経歴等
- サマリー：1分で読める分量の「そのインタビューでわかったこと」
- 示唆：インタビュー内容を踏まえて、自身・チームに起きる影響
- 詳細：1時間でわかったこと全てを論理構造を明確にしながら記載する

の4要素で構成されることが一般的です。

このインタビューメモの書き方詳細をご紹介することは本書の主題ではないのですが、ロジカルライティングやロジカルシンキングの良いトレーニングになるので、ぜひみなさんも良いインタビューメモづくりにトライしていただければと思います（コンサルティングファームに入社する新人はみなこのインタビューメモづくりに取り組み、鍛えられることになります）。

想像力を駆使して、成果物をつくる

さて、ここからがいよいよ仕事としては本番です。集めてきた情報を紐解き、組み合わせ、統合し、会社・部署としての行動や意志決定につなげていくためのメッセージ・示唆を生み出していく時間です。

この成果物づくりで最もやってはいけないのが、ただ集めた資料のコピーをワードやパワーポイントに大量に貼りつけて、「こんな情報もありました。あんな情報もありました。こんなことを言っている人もいます。以上です」のようにして終わってしまうことです。これでは、ただ世の中に数多あるデータを抽出しインフォメーションとして並べただけであって、「だからなんなのか(So What)」の問いに答えることを放棄しているも同然です。求められていることは基礎的な情報収集かもしれませんが、みなさんなりの視点や考えを表明してこそ、情報収集は意味があるものになります。

情報収集に関する講演をさせて頂くときに、必ずといっていいほどいただく質問、コメントが「情報を集めすぎて、どのようにしてまとめたらいいかわからない」というものです。この状態は、

情報から成果を出すには愛と想像力が必要

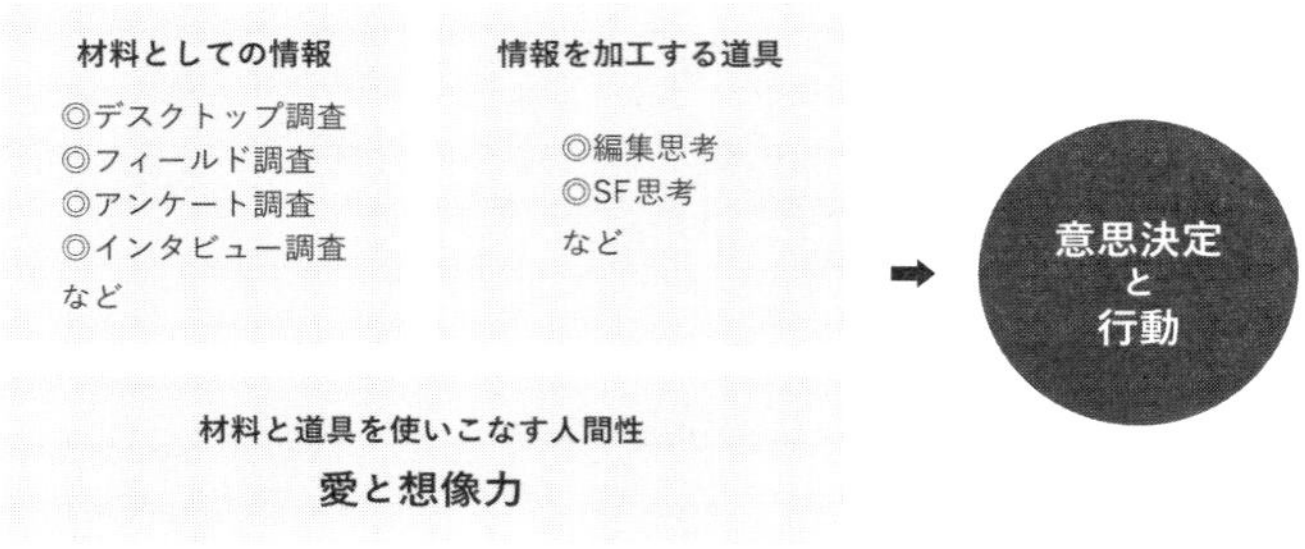

著者作成

料理でいえば、冷蔵庫の中にいろいろな材料がありすぎて、何をつくったら良いのかわからない、というような状態です。

まとめ方がわからない、とおっしゃる方は、次の2つの暗黙の前提を持っていて、それが悪さをしているのではないでしょうか。ここでも料理のメタファー（隠喩）を使って考えてみると、1つめは、「冷蔵庫の中の材料の全てを使わなくてはいけない」と考えていること、2つめは、「冷蔵庫の中にある材料で料理を完結させなくてはいけない」と考えていることです。1つめについては、もちろんそんなことはなく、冷蔵庫の中からつくりたいものに併せて材料を組み合わせ、使わないものはそのまま冷蔵庫に入れておけば良いのです。2つめについても同様で、必要な材料が足りないことがわからなければ、改めて買い出しに行けば良いだけです。先ほど書いたような、資料のコピーをただ提出する情報提示の仕方は、ただ生のままの食材を食卓に並べるようなものです。それらを組み合わせ、調理し、器に盛りつけるところまでしてこそ料理です。

料理も同じですが、情報収集でも、まとめ方を規定するのは「何をつくるか」です。料理であれば、メニューには一定のパターンがあり、レシピも数多く世の中に出回っています。しかし、情報を材料とした調理はあまりに多様で、そのレシピはまだ発明されていません(少し脇道にそれますが、公開されている優れている資料を見て、これはこんな材料・レシピでつくったはずだ、と想像をしてみることは成長のための良いトレーニングになります)。

集まった材料・素材を眺めつつ、何をつくりたいかという理想像・ゴールを想像し、メニューを決めていく為に必要となるのは、第5章の最後でも触れた想像力ではないでしょうか。そのときに使った飲み会の例を使うならば、「グラスが空いている」という情報を感じ取り、「その人のグラスには飲み物が入っているべきだ」という理想状態を捉えるところまでは、想像力の範疇です。当然他に空いているお皿があったり、散らかっている箸があったり、潰れている人がいるかもしれません。しかしいったんそれらの状態を脇に置いて、飲み物を代わりに注文する、何かを注ぐという行動を取ることができるのは、情報の統合・捨象を行う想像力のなせる技でしょう。

ここまで情報収集のコツや編集思考・SF思考などの考え方などをお伝えしてきましたが、よい情報収集を行うために欠かせないのは、それらを使いこなすための想像力だと私は考えています。この想像力というのがどんなものなのか、情報収集というテーマからははみ出しますが、次の章で見ていきましょう。

第 7 章

情報をもとに想像し、思い切って捨てる

Chapter 7

Let it go once we imagine

人間に与えられた想像力という力

ここまで長いこと、情報収集の原理・原則やコツ、すぐにでも使えるＷｅｂサイト情報やデータベース、情報を活用するための思考法などについてお知らせしてきました。最後のこの章では、どんな視点で情報収集をするのか、何を目指して情報収集をするのか、そんなお話をしようと思います。

情報というものの意味合いやその定義の多様さについて、本書の序盤で触れました。数字の羅列や辞書的な定義などの基礎的な情報であるデータ、それに対して一定の整理や編集を施したインフォメーション、そのインフォメーションを有機的に組み合わせて行動や意思決定に結びつけるインテリジェンス。「情報収集は大切だ」とある人が言うとき、その情報の意味合いは多様で、データ収集が大切だということを伝えたい人もいれば、闇雲に行動したり決め事をするのではなくインフォメーション・インテリジェンスに基づくべきだということを伝えたい、という人もいます。

すべての情報収集は、インテリジェンスの創出に結びついたときにはじめて意味と価値を生みます。逆の言い方をすると、インテリジェンスにつながらないような情報収集や調査は（少なくとも短期的には）無駄だと考えています。

ここで注意したいのは、「現在関心のあるインテリジェンスを生み出すことにつながらない情報収集はすべて無駄だ」といっているわけではないことです。そんなふうにして情報収集の筋を絞ってしまっては、その人の知の源泉はすぐに枯渇してしまうでしょう。インテリジェンス創出のために「基盤をつくる」ことの重要性は、どんなに強調しても強調しすぎるということはありません。

難しいのは、将来につながる基盤はどのようなものか、それはどうすればつくることができるのか、誰も正解を知らないことです。今日新聞で見かけた情報が3年後のあなたのキャリアの意思決定に生きるかもしれないし、Youtubeでふと目にした動画をきっかけに明日のデートで会話が盛り上がるかもしれないし、朝通勤電車の中で学んだ心理学のコンセプトが昼の職場での意思決定を助けてくれるかもしれません。

このような「いつ役立つかわからない情報基盤の深さ・豊かさ」がある人が知識人と呼ばれるのでしょう。一瞬一瞬のインテリジェンス創出に奔走して1から考えるような馬鹿げたことはせず、これまでの経験や外部情報から示唆を生み出し意思決定や行動に活かすことができる人、私が考える知識人はこのような人です。

情報収集が上手い人とは、細かなコツをどれくらい知っているかというのもありますが、この情報基盤・知識がどれほど豊かであるかにも大きく依存します。知識が豊かな人は情報収集が上手くどんどんその知識基盤を豊かにしていく一方で、知識・基盤が不足している人は情報収集が上手くいかず、そのため基盤も知識も広がっていかない。残念ですが、これが情報収集に関する真実です。

どのようにして自分の中にこの「知識基盤のグッドサイクル」を育てていくか。そのために必要なのは「想像力」です。

「同じ」と「違う」を見つける人に

創造力よりも想像力を

私はこの本を書きながら、自分自身の考えとして、一つの仮説を持つようになりました。それは、現代における情報収集力とはすなわち想像力である、ということです。この人は想像力が豊かだな、と感じる人がいたとして、その人はもれなく情報収集力に長けていて、この人は情報収集力が高いなと感じる人がいたとして、その人と話していると自分まで想像力が高まったかと錯覚されるほど想像力が満ち溢れています。情報収集力を高めるとはすなわち、想像力を高めることなのではないでしょうか。

クリエイティブなアイディアは、なにもないところからは生まれてきません。既存の知識の組み合わせから生まれるのです。

教育哲学者のキエラン・イーガンは、その著書『想像力を触発する教育──認知的道具を活かした授業づくり』（北大路書房）の中で、知識と想像力の関係性について次のように述べています。

> すべての知識は人間的知識、つまり人間の希望や不安や情熱の産物である。知識に命を吹き込み生徒の心にとどけるには、知識を人間の感情に結びつけてしめさなければならない。そのときにこそ、知識は最も意味深いものとなる。そしてこれを可能にする最良の道具が想像力である。

この本は、学校教育に関わる教育者向けに書かれたもので、その主題は児童・生徒の中にある想像性を引き出すことでよりよい講義・授業を実現しよう、というものです。彼はカナダのブリティッシュ・コロンビア州にあるサイモン・フレーザー大学にImaginative Education Research Group（通称 ＩＥＲＧ、日本語サイトはhttp://ierg.ca/japanese/）を設立し、既存の「一定の型にはめ柔軟性や創造性を奪ってしまう」教育の刷新を図ろうと、研究や普及活動を行っています。

そんな彼が、子供の想像力を引き出すために教師に求められる姿勢について、いくつかの視点を本書の中で提供しています。例えば、

●単なる事実ではなく、物語として物事を捉えてみること
●例え・比喩を使ってみること
●冗談やユーモアで状況を捉える努力を促すこと
●自分自身、あるいは環境の極端な事例や例外に関心を持つこと
●あらゆることに対して、驚きを持って接すること

等です。

想像力を高めるこれらの視点は大人の学びや成長にとっても同じように、あるいは大人にこそ必要なもの。20世紀を代表する画家であるパブロ・ピカソは、「子供は誰でも芸術家だ。問題は、大人になっても芸術家でいられるかどうかだ。」という言葉を残しています。そして晩年、「この年になって、やっと〝子どもらしい〟が描けるようになった。」とも。子供のときにできていた柔軟なものの見方や表現が大人になるにつれて難しくなっていくことの背景には、大人になるにつれて想像力が発揮できなくなる、あるいは発揮される想像力の方向性が偏っていく(上司は今なにを考えているかという想像ばかりがうまくなる、等) ことがあるのかもしれません。そんな中で、前述のような想像力を取り戻すための視点は、大人にこそ求められるものであると、私は思います。

今の社会人教育の中では、想像力(Imagination)よりも創造力(Creation)を求める声が大きい

のでは、と感じるシーンが多くあります。デザイン思考やアート思考、アナロジカル思考など、様々なタイプの思考法に関する本が出版され、新規事業や働き方に関する新刊が書店の棚を埋め尽くしています。果たしてこれらの書籍はどれほど有効なのでしょうか。

思考の型や名称など、究極何でも良いのではないか。そう感じるシーンが多くあります。思考方法を刷新することで新たな発想や行動が生まれてきた事例を、私は知りません[※1]。思考の型に名前をつけて、それに自分の頭の動かし方をなぞらえるよりも、

●頭の基盤となる知識
●知識と組み合わせる外部の新情報
●知識と新情報を組み合わせて生み出される思考

3つすべてに影響する想像力を高めていくほうが、自分の心身にフィットする思考法を生み出すことができるのではないでしょうか。

考えるという行為の第一歩は、複数の対象について同一性・類似性を判定することから始まります。「過去危険だったあのシーンに似ているから今は危ないはずだ、逃げよう」「儲からなかった過去のビジネスと現在のものは○○の観点で違うから、今回はいけるはずだ」のように、持っている

知識と新たな情報を＝（イコール）や≠（ノットイコール）で結びながら、その意味合いを考えることが思考の始まりです。

想像力は、この思考の幅をぐっと広げてくれます。

●直感的に異なるような2つのものの共通点・同一点を考えてみる（例：カラスとスマートフォンの共通点はなにか？）
●直感的には同じような2つのものの相違点を考えてみる（例：馬とシマウマの相違点はなにか？）

これはまさに本書の後半で紹介した、原理原則と外れ値を見つけ出す思考法、情報活用の仕方そのものです。すべてのアイデアが既存の何かの組み合わせだとすると、これまで考えられなかった組み合わせを生み出すことがすなわち新しいアイデアであり、そのためには「一般的には遠いとされる2つのものを〝実は近いものなのではないか〟と考えてみる」「近いとされるものを分解して眺めてみて、新しい関係性・同一性のもとで結び直す」そんな取り組みが必要になります。

情報は、優れた想像力を持つ人のもとでこそ輝くのです。想像力溢れた大人になりましょう。そのために、物語や比喩、ユーモアや驚きを。

想像力をひもとき、アノマリー思考へ

教育者・哲学者の近内悠太さんの『世界は贈与でできている』(NewsPicksパブリッシング)の中で、科学史家のトマス・クーンの言葉を引きつつ、「逸脱的思考」と「求心的思考」という二つの思考法を紹介しています。逸脱的思考とは、科学的に自明とされる事実や概念であってもそれをそのまま受け入れることなく、偏見を開放し、逆にありそうもない可能性にまで想像を巡らせる思考法です。これは、想像力を発揮した思考法として、イメージが付きやすいものでしょう。しかしクーン、近内さんともに、もう一つの求心的思考も、想像力(この本の文脈に沿うのであれば科学発達のために重要であるとしています。求心的思考とは、専門家集団によって構築・補強された安定的合意を基盤にして思考を推し進めることを指します。

前者・逸脱的思考の代表例として紹介されるのが地動説を唱えたコペルニクスや相対性理論で知られるアインシュタイン、まさに創造的発想といったときに思い浮かべるような方々です。一方で後者・求心的思考の代表例として紹介されるのがコナン・ドイルが生み出した名探偵シャーロック・ホームズです。彼は、人や現場を丁寧に観察し、違和感がある部分、原則から外れている部分

から探求を推し進めていきます（相棒・ワトソンと初めて会ったとき、雰囲気や肌の色、身体の動きのみで「アフガニスタン帰りの軍医である」と推察したように）。

「科学的常識に照らし合わせたときに、うまく説明のつかない変則性・変速事例」のことをアノマリーといいます。

私が新卒でコンサルティングファームに入ったあとに受けた研修で、今でも強く印象に残っている1シーンとして、図のデータの外れ値に着目する大切さを学んだことを第4章でお伝えしました。

この外れ値を見る思考は、アノマリーを見つけ、それを起点に思考を深めていく思考法そのものです。

想像力を高めるための口癖・言葉のすすめ

以前広告会社内の一組織に所属していたとき、仕事をご一緒した優秀なクリエイターの方はみなさん、自分なりに視点を変える、昇華するための口癖をお持ちでした。その口癖の例を次に書いてみます。

- 「もし~だったらどんなことが起きるだろう?」
- 「これは何と似ているんだろう?」
- 「面白いね、実に面白い」
- 「10年後の当たり前から考えてみよう」

想像という活動は、意識すれば一気に広がるものではないでしょう。想像力を高めるためには、無意識の部分を最大限活かす必要があります。(脱線しますが、トール・ノーレットランダーシュ

『ユーザーイリュージョン―意識という幻想』（紀伊國屋書店）によると、私達の日常生活の中で視覚や聴覚など感覚器官からの入力が毎秒1100万ビット（ビットは情報量の単位）なのに対し意識に上がるのはわずか16ビットで、いかに無意識下での情報処理や思考が膨大かがわかります）その無意識にアプローチする手法として、口癖を含めた身体の癖を利用するのは一つのアプローチなのではないかと思います。そして、クリエイターの方々の仕事ぶりを拝見していると、それは想像力を高めるために有効な方法なのではないかと思います。

口癖ではないですが、あなたが潜在意識下で想像力を高める取り組みを始めたくなるように、想像力に関する名言や引用文もいくつかご紹介してみましょう。

●私たちの行動は、他の高等動物の行動とはあまりにもかけ離れているように見えますが、基本的な本能は人間も動物もたいへんよく似ています。最大の違いは、人間が強い想像力を持っていて、言葉の助けを借りて思考するということです。（アルベルト・アインシュタイン）

●科学におけるすべての偉大な進歩は新しい大胆な想像力から出てきている。（ジョン・デューイ）

●現実は想像力をかきたてる。（ジョン・レノン）

●ディズニーランドが完成することはない。世の中に想像力がある限り進化し続けるだろう。

（ウォルト・ディズニー）

●どんな洗練された大人の中にも、外に出たくてしょうがない小さな子供がいる。笑い声は時代を超え、想像力は年を取らない。そして、夢は永遠のものだ。（ウォルト・ディズニー）

●私の言う想像力とは、実在しないものを空想するようなあやふやなものではない。私の考える想像力とは、現実の基盤から遊離したものではなく、現実的な周知のものに照らして、物事を予想し、推測しようとする事なのだよ。その場合、想像力は、この予想したものが可能であるかどうか、他の既知の法則と矛盾しないかどうかを吟味するだろう。（ヨハン・ヴォルフガング・フォン・ゲーテ）

●想像力は、現実に対する戦いにおける唯一の武器である。（ルイス・キャロル）

●この世界は、我々の想像力を描くためのキャンバスにすぎない。（ヘンリー・デイヴィッド・ソロー）

●人の苦しみを自分のことのように思いやる。想像力はイコール、思いやり。思いやりイコール、愛です。（瀬戸内寂聴）

情報収集力を高める、想像力を高めるために、みなさんはどんな口癖を使いますか。もしまだ見つかっていないなら、先にご紹介したクリエイターのものをまず1週間試してみるのも良いかもしれません。偉人の想像力に関する言葉を口に出して読んでみるのも良いかもしれません。自分の無意識の力を活用するための言葉遣いを、ぜひ今日から始めましょう。

考え抜き、自ら決断する覚悟を持つ

想像力を発揮し、情報が集まった先にあるのは、意思決定であり、行動です。この場面では、情報収集の巧拙とはまた違った次元での課題との向き合い方が求められます。

情報には、限りがありません。終わりもありません。情報収集をしようと思ったら、いくらでも時間とお金をかけて続けることができます。第3章でもお伝えしたとおり、米国の市場調査会社、International Data Corporation（ＩＤＣ）が２０２０年5月に行った発表によると、２０２０年に全世界で生成・消費されるデジタルデータの総量はおよそ59ゼタバイト。1ゼタバイト、馴染みのない単位ですが、みなさんがスマホやパソコンで触れているギガバイト（ＧＢ）の単位に直すと、約1兆ギガバイトです。とんでもない量ですね。書籍も、日本だけで年間数万点が新しく発売されており、世界にある情報の量は歴史の経過に合わせて増えていく一方です。

私は将棋が好きなのですが、長い伝統を持つ将棋の世界でも、日々新しい情報が生み出されています。自分自身が行った練習の記録だけでなく、トップ棋士の対局記録、若手やＡＩが指した新戦法や定石をフォローし、それらをすべて自分の頭の中に叩き込まなくてはいけません(プロの対局においては、戦いの最中にパソコンやスマホを使うことはできないからです)。そんな情報過多の将棋界にあって、将棋界の第一人者・羽生善治先生は著書『決断の』(角川書店)の中で、情報というものについて、「何事であれ、最終的には自分で考える覚悟がないと、情報の山に埋もれるだけである。」ということを言われています。

市場調査やリサーチという形で関わっているプロジェクトの中でご一緒するクライアントの方で、まれに「この人は自分で考える気があるんだろうか」と感じる方がいらっしゃいます。コンサル・調査会社や部下の方々にあれも調べてほしい、これも調べてほしい、と指示を出しながら、それらがすべて揃いながら「まだ決められない。メリット・デメリットを整理してほしい」、いざメリット・デメリットを整理すると「メリット・デメリットを比べる軸を他にも考えてほしい」と、次から次に情報を要求します。

そんな方にお会いすると、私は「この人は決断する気がないんだな」と感じます。

決断する覚悟を持っている方は、情報収集の依頼をするときに明確な指示を出します。自分がいつまでにどんな決断をしようとしていて、それはなぜ重要で、意思決定のために最低限必要な情報はどんなもので、加えてどんなものがあると嬉しいのか、それぞれを明確に依頼として情報収集者に出し、最後にはわかったことだけではなくわからなかったことまで確認します。

情報収集を一度でも真剣にやったことがある方なら経験があると思いますが、情報収集をすればするほど、わからないことの総量は増えていきます。もともとわかっていることとわかっていないことが1：1程度の量で存在しているところから情報収集を始め、プロジェクトの最後にわかっていることの量は10になったが合わせてわからないことの量は100になっている、そんなことが普通に起きます。これはある意味自然なことで、もともと「わかっていないことさえわかっていなかった」ことが、「わからないことがわかるようになった」ために、こういうことが起きます。

このわからないことの爆発は、意思決定者を恐れおののかせます。物事を理解するために情報収集をし始めたはずなのに、むしろわからないことが増えているのです。わかったことも増えるが、わからないことはもっと増える。そのわからないことをわかるようにしようと追加で情報を収集してみると、いくつかはわかることに変わるものの、新しいわからないことが付け足されることになる。このループです。

この状態がまさに、羽生先生が言うところの「情報に埋もれてしまった」状態なのでしょう。情報を集めた先に、インテリジェンスを生み出した先にあるのは、覚悟を決めて踏み出すのか、情報に埋もれるのか、その二択なのです。

羽生先生は、また「追い詰められた場所にこそ、飛躍がある。『わからない』ということはまさにそこが『勝負所』だということを意味していると思います。」という言葉も残しています。

自分自身のための情報収集であれ、誰かのための情報収集であれ、誰かが集めてきた情報を判断することであれ、「わからない」の感情が臨界点に達したタイミングこそ、まさに勝負所。あなたの覚悟が試される瞬間です。

そのタイミングで「もう少し情報を集めて……」という道を選ぶのか、「時はきた。私／私たちが取るべき道は……」と意を決するのか。ぜひみなさんには、自分がまさにこの二択を迫られる、そんなシーンに身を置いてほしいと思います。さらに、その選択肢の中で、後者の道を選んでほしいと思っています。

おわりに

この本を書こうと思ったきっかけは、２０２０年夏に私が講師として登壇した「新規事業のための情報収集法」に関するセミナーに１千名以上の申し込みがあったことでした。そのセミナーの講演資料をＷｅｂ上で公開もしているのですが（https://speakerdeck.com/nozomi/research-tips-for-new-biz-creation）、特に告知もしていないのですが5千回近くご覧いただいており、情報収集に課題を感じていらっしゃる方が多いんだなと感じる機会になりました。

この本は、そのセミナーで扱った内容をベースにしつつも、思考のためのフレームワークや具体的な手法の紹介なども交えつつ、大幅に加筆しています。本書でご紹介した情報収集の考え方や具体的な手法が、皆さんのより良い仕事や生活につながればと思います。

本文の中でも触れてきましたが、情報そのものが持つ価値はこれまで下がり続けてきたし、今後も下がり続けていくと私は考えています。しかし、多様な情報に触れることによって自分の思考や態度に多様性を持たせることや、いざ何かについて知りたいと思ったときにその情報に早くかつ正確にたどり着くためのスキルを磨くことは、今後も普遍的に重要です。変化が加速し、「原理・原則」や「外れ値」もどんどん新しいものに置き換わっていきます。それに併せて自身の思考や行動原則をアップデートし、より良い意思決定や行動を取り続けるために、分厚い知識基盤と新鮮で質の良い情報のために、情報収集を続けていきましょう。

ここで書いている情報収集の具体的な方法は、執筆から10年も経てば、時代遅れのものになってしまうかもしれません。過去10年の社会の変化を見ると、おそらく変わるでしょう。なので、10年後にもそのときのあるべき情報との付き合い方や、使える道具を皆さんにお伝えするために、私も学び続け、発信していきたいと思います。

本書の編集をご担当いただいたクロスメディア・パブリッシングの小早川幸一郎代表、情報収集に関するインタビューにご協力いただいた同僚・知人のみなさま、私の至らない情報収集の様子を見ても見限ることなく温かいご指導をいただいた多くの先輩方に、改めて感謝いたします。その他、ここには記しきれない多くの方々の力添えがあって、本書を世に送り出すことができました。本当にありがとうございます。

最後に、早朝・深夜に鳴り響くキーボードタイピング音を寛容に受け取ってくれた妻、いつも変わらぬ笑顔で執筆を励ましてくれた自宅のぬいぐるみたちにも、感謝したいと思います。

【著者略歴】

田中志（たなか・のぞみ）

Cobe Associe 代表。一橋大学大学院経済学研究科修士課程修了後、ボストンコンサルティンググループ（BCG）に入社。2015 年にヘルスケア領域の社内アワードを受賞。その後、博報堂グループのスタートアップスタジオ・quantum、デジタルヘルススタートアップ・エンブレースの執行役員を経て、2018 年に大企業の新規事業やスタートアップ支援を行う Cobe Associe を創業。2019 年度神戸市データサイエンティストとしても勤務、新規事業やデータ活用、ヘルスケア領域に関する講演も実施。

情報《じょうほう》を活用《かつよう》して、思考《しこう》と行動《こうどう》を進化《しんか》させる

2021 年 5 月 1 日　初版発行

発行　株式会社クロスメディア・パブリッシング

発行者　小早川 幸一郎

〒151-0051　東京都渋谷区千駄ヶ谷 4-20-3 東栄神宮外苑ビル

https://www.cm-publishing.co.jp

■本の内容に関するお問い合わせ先 …………………… TEL (03)5413-3140 ／ FAX (03)5413-3141

発売　株式会社インプレス

〒101-0051　東京都千代田区神田神保町一丁目105 番地

■乱丁本・落丁本などのお問い合わせ先 ……………… TEL (03)6837-5016 ／ FAX (03)6837-5023

service@impress.co.jp

（受付時間　10:00 ～ 12:00、13:00 ～ 17:00　土日・祝日を除く）

※古書店で購入されたものについてはお取り替えできません

■書店／販売店のご注文窓口

株式会社インプレス　受注センター ……………………… TEL (048)449-8040 ／ FAX (048)449-8011

株式会社インプレス　出版営業部 ………………………………………………………… TEL (03)6837-4635

カバー・本文デザイン　cmD

印刷　株式会社文昇堂／中央製版印刷株式会社

図版作成　長田周平

DTP　内山瑠希乃

製本　誠製本株式会社

ISBN 978-4-295-40541-2 C2034